U0830660

ORIGINAL POINT PSYCHOLOGY | 沂心理

THE 5 AM CLUB

Own Your Morning. Elevate Your Life

凌晨5点俱乐部

自律赢得人生

[加] 罗宾 · 夏玛（Robin Sharma）◎著
施诺◎译

华龄出版社
HUALING PRESS

Title: THE 5AM CLUB: OWN YOUR MORNING. ELEVATE YOUR LIFE by ROBIN SHARMA

Copyright © 2018 by Robin Sharma. All rights reserved.

Published by arrangement with HarperCollins Publishers Ltd. through BIGAPPLE AGENCY LABUAN, MALAYSIA.

Simplified Chinese edition copyright © 2025 by Beijing Jie Teng Culture Media Co., Ltd. All rights reserved. Unauthorized duplication or distribution of this work constitutes copyright infringement.

北京市版权局著作权合同登记号　图字：01-2025-0914 号

图书在版编目（CIP）数据

凌晨 5 点俱乐部：自律赢得人生 /（加）罗宾・夏玛(Robin Sharma) 著；施诺译 . -- 北京：华龄出版社，2025. 5. -- ISBN 978-7-5169-2948-3

Ⅰ . C933.41-49

中国国家版本馆 CIP 数据核字第 20258T9Q72 号

策　　划　颉腾文化
责任编辑　貌晓星　　　**责任印制**　李未圻

书　　名	凌晨 5 点俱乐部：自律赢得人生	**作　者**	［加］罗宾・夏玛（Robin Sharma）
出　　版 发　　行	华龄出版社 HUALING PRESS	**译　者**	施诺
社　　址	北京市东城区安定门外大街甲 57 号	**邮　编**	100011
发　　行	（010）58122255	**传　真**	（010）84049572
承　　印	文畅阁印刷有限公司		
版　　次	2025 年 5 月第 1 版	**印　次**	2025 年 5 月第 1 次印刷
规　　格	880mm×1230mm	**开　本**	1/32
印　　张	7.25	**字　数**	178 千字
书　　号	ISBN 978-7-5169-2948-3		
定　　价	69.00 元		

版权所有　侵权必究

本书如有破损、缺页、装订错误，请与本社联系调换

序言
PREFACE

我无比感激本书摆上了你们的案头。我衷心希望它能帮助你们彰显天赋、施展才华，彻底刷新你们的创造与创新能力，不仅让你们自己的生活丰裕，还能为世界做出贡献。

“凌晨5点俱乐部”所基于的概念和方法，我已经沿用了二十多年，培训对象包括杰出的企业家、传奇公司的首席执行官、体育巨星、音乐偶像以及王室成员，效果极佳。

本书创作历时四年，我的足迹遍及意大利、南非、加拿大、瑞士、俄罗斯、巴西与毛里求斯。有时文思如夏日微风拂背般自然流淌，有时则文思枯竭、才尽词穷，甚至几度想放弃。但毕竟这是一个极具精神追求的过程，超越了个人的世俗欲望，正是这种责任感始终激励我继续前行。

字字皆心血，我为本书倾尽了所有。同时也衷心感谢世界各地的朋友们，你们一路陪伴，助我完成了《凌晨5点俱乐部》。

怀着一颗赤诚之心，我把本书献予你们——我亲爱的读者。世界到处都需要英雄，而你们本身就具备成为英雄的潜质，何必依赖他人呢？今天就行动起来——你们就是世界需要的英雄。

爱你们，向你们致敬！

罗宾·夏玛

我们有永恒的时间去庆祝胜利，但只有日落前的短短几小时去赢得胜利。

——贾艾梅

为了心中那片海，决定成为什么人。实现愿景永不嫌晚，或像我这般，永不嫌早……但愿你能过上让自己骄傲的生活。如若未能如愿，愿你鼓起勇气，重整行装再出发。

——弗朗西斯·斯科特·菲茨杰拉德

那些翩翩起舞者，在听不见音乐的人眼中，不过是些疯子而已。

——弗里德里希·尼采

目录

CONTENTS

第 1 章　突然闪现的危险想法

用枪太过暴力，上吊太过老套，而割腕又引不起轰动。那么，究竟该如何让一度辉煌的生命以最精准、最利落的方式终结，既不弄得一片狼藉，又能引发最大震动？

仅仅一年之前，形势还非常乐观。那时，这位企业家被盛赞为行业巨擘、社会领袖、乐善好施的慈善家。年近四十的她，将从大学宿舍起步的科技公司，一路引领至市场统治地位，推出的产品深受用户追捧。

然而如今，她却遭到暗算——一场充满恶意与妒火的“逼宫行动”，将大幅稀释她倾注半生心血建立的企业股权，迫使她另谋生计。

这场惊人的变故极其残酷，令其难以承受。在她一贯冰冷的外表下，跳动着一颗关怀、慈悲与仁爱之心。她感到生活背叛了她，认为自己不应受到如此恶待。

她考虑吞下一大瓶安眠药，干净利落地隐入尘烟。全部吞下，速战速决。我必须彻底逃离这种痛苦——她心中默想。

在她纯白色的卧室里有一张时尚的橡木梳妆台。突然，梳妆台上的某件物品闯入她的视线——那是母亲送给她的“自我优化工作坊”入场券。这位企业家向来嘲笑参加此类活动的人，称其为“折翼者”，冷嘲热讽地说：人生成功的答案原本就存于内心，他们却向伪大师寻求点拨。

或许是时候重新审视这个偏见了。她没有其他选项：要么参加工作坊，期待顿悟后重生；要么寻求永恒的宁静——迅速结束这一生。

第 2 章　铸就传奇的每日哲学

不要让内心的希望之火破灭——它无可替代。不要让它在充满绝望的“差一点”“还未来得及”和“根本不可能”的泥沼中，一点一点熄灭。虽然你本该拥有的生活依然遥不可及，但不要让你灵魂中的英雄主义在孤独的挫败感中消亡。你可以赢得梦想的世界。它就在那里，真真切切，正在召唤你，它就属于你。

——安・兰德

他是最杰出的演说家——一位真正的“筑梦师”。

如今，他已年过八旬，传奇般的职业生涯接近尾声。他是激励大师、传奇领袖和真诚的政治家，致力于帮助普通人发挥最大潜能，在全世界备受尊崇。

在一个充满动荡、不确定性和缺乏安全感的时代，“筑梦师”的活动吸引了成千上万人参加。他们渴望过上充满创造力、高效且富裕的卓越生活，期冀以一种充满激情的方式提升人性，这样到了生命的尽头，他们自信会留下一份美好的遗产，并在后代身上留下印记。

这位长者的工作独一无二。他的洞见把人们打造成钢铁战士，他的理念将人们塑造成灵魂诗者。他指导普通人如何在商业领域冲顶，同时又能过上丰富多彩的生活。我们的天性在冷酷的世界里迷失——钩心斗角、浅薄无知，沉迷于电子产品，而长者的教诲使我们重回对生活的敬畏。

尽管“筑梦师”身材高大，但岁月留痕，使他略微弯腰驼背。他走向讲台时，小心翼翼但不失温文尔雅。一套合身的炭灰色西装，面料上配有柔和的白色细条纹，让他看起来优雅十足。一副蓝色眼镜更是为他平添了一丝毫无违和感的炫酷。

“人生短暂，岂能埋没才华？”演说家对着礼堂里的数千人说道，“你们生来就肩负着成就传奇的机遇与责任。上天赋予你们的生命完全可以产出大师级的作品，促使你们追求卓越、成就非凡，成为这颗小小星球上的向善力量。在这已然相当野蛮的文明世界里，你们的内心深藏着重回文明巅峰的密码。当芸芸众生沉迷于购置华履、追求奢侈品，却鲜少投资于自我提升时，你们有责任重塑精神的高贵。真正的个人领导力需要——不，是要求——你们摆脱对电子产品成瘾的僵尸状态，摒弃束缚良才的自我中心主义，重构生活范式以彰显卓越品格。世间伟人皆为给予者，而非索取者。请破除‘财富积累最多者为赢家’的迷信，致力于惊世骇俗的伟业——以独树一帜的原创性和济世利人的价值震撼业界。在此过程中，我建议你们同时构筑私德高尚、充满奇美的个人生活，始终守护内心的安宁。朋友们，唯有如此，你们方能与天使比翼翱翔，与众神并肩而行。”

“筑梦师”停顿了片刻。他如同吞下山岳般深吸了一口气，呼吸变得粗重起来，吸气时发出嘶鸣声。他低头看了看脚上的时髦黑皮靴，擦得锃亮如同军靴。

前排听众看见一滴泪珠从那张曾经英俊、如今却写满沧桑的脸上滑落。他的视线始终低垂；他的沉默，如同惊雷；他的身体微微摇晃。

经历了几次紧张时刻，台下的观众开始不安地变换坐姿。终于，“筑梦师”放下左手紧握的话筒，右手伸入裤袋，取出一方折叠齐整的亚麻手帕，轻柔地拭去脸上的泪痕。

“你们每个人都肩负着生命的召唤，每个人的基因里都刻着追求卓越的天性。你们不要困守平庸，不要盲从于社会盛行的集体平庸化浪潮，更不要跟风行业里普遍出现的专业能力退化。所谓局限，不过是优秀之人日日自我暗示直至信以为真的心理枷锁。目睹如此之多本可成就非凡的栋梁之材，无论是在工作中还是在生活里，不断编织着自我设限的借口，实在令我痛彻心扉。你们必须铭记：借口是蛊惑人心的妖姬，恐惧是口吐谎言的骗子，疑虑是窃取梦想的盗贼。”

许多人点头称是，一些人开始鼓掌，随后掌声雷动。

“我懂你们，真的，”“筑梦师”继续说道，“我知道你们都曾历尽沧桑，但其实世人皆苦。我知道，你们小时候充满激情、欲望与好奇，而许多事情并没有沿着你们儿时憧憬的路径发展。你们没有料到生活会沦为日复一日的单调循环。你们在扼杀灵魂的工作中消磨青春，被窒息创造力的焦虑与永无止境的责任绑架，沉溺于电子产品带来的即时快感和毫无意义的欲望满足中不能自拔。枯燥的日子千篇一律，而这就是你们生活的写照。可以说，太多人三十岁时灵魂已死，徒留躯壳撑到八十岁。所以我确实懂你们——你们渴望不同凡响的人生，向往更多趣味、更多激情、更多满足，期盼独特而神奇的命运轨迹。”

在说最后几个字时，“筑梦师”的声音颤抖了，一时呼吸困难。他觉察到自己的不适，皱了皱眉，在助手提前安放在舞台一侧的米色椅子上坐下。

“诚然，我知道在座的诸位中有许多人过着自己满意的生活。你们取得了卓越的成就，在自己的领域里干得风生水起，用近乎超凡的能量为家庭和社会创造价值。干得漂亮，为你们点赞。然而，你们也曾经历低谷，迷失在寒冷危险的黑暗中不知所措。你们也遭遇过创造、创新能力的枯竭，从致力于铸就辉煌坠入狭小的怪圈——贪图舒适、忐忑不安、内心麻木。你们也因蹉跎岁月、虚度人生而失望过。你们儿时最富灵感的梦一一幻灭。你们被信任的人伤害过；你们遭遇过理想的破灭；你们纯真的心灵也曾破碎，就像被残暴的入侵者渗透后的沦陷之国。”

穹顶高耸的礼堂里陷入死寂。

“无论你们现在处于人生旅途的哪个阶段，请不要让不完美过往的伤痛阻碍你们迎接辉煌未来的荣光。你们拥有的力量远超想象。辉煌胜利与福报正朝你们奔涌而来。而你们正值成长的黄金时期，这将是你们获得当之无愧的非凡成就的时期——通过最严酷的考验赢得的超高效能、卓越非凡与极致影响力的人生。此刻一切安好，即便你们感觉一团糟。若你们感觉现在的生活如一团乱麻，那不过是因为恐惧暂时压过了信念。通过练习，你们可以把恐惧的振动频率调低，把胜利感的振动频率调高。事实上，你们经历的每个挑战、遇到的每个恶毒之人、承受的所有考验，都是在为塑造现在的你们做足准备。你们需要经历这些磨难来激活正在体内苏醒的宝藏、才能与力量。一切皆非偶然，分毫未曾虚掷。你们正站在完美起点，即将开启至臻理想的人生——你们可以成为自己王国的缔造者和改变世界的人物，甚至可以成为历史的创造者。”

“但理想很丰满，现实很骨感，”第五排一位戴着红色棒球帽的男子喊道。他穿着灰色T恤和破洞的牛仔裤——那种在本地商场就能买到的故意做旧的款式。尽管突然冒出这样一句话看似失礼，但红帽男子声音的力度和肢体语言都流露出对“筑梦师”的真挚钦佩。

“你说得没错，你很了不起，”“筑梦师”回应道。他从椅子上站起来，从容的仪态感染了所有人，嗓音也变得愈发铿锵有力：“理念未经实践一文不值——最微小的行动永远胜过最宏大的空想。如果成就卓越、缔造传奇易如反掌，那世人皆可为之。”

“您说得太对了，”红帽男子用食指摩挲着下唇应道。

"筑梦师"继续说道:"社会给我们灌了一些迷魂汤,谎称安逸才是王道,而罔顾这样一个貌似可怕实则壮美的事实:所有可能性的实现都需要付出艰辛的努力,需要持续自我革新,需要我们像大海一般深沉地奉献,确保巨轮每天安全驶离港湾。我坚信,自满的诱惑与安逸的人生最终会毁了你们,比全情投入、以坚不可摧的意志实现自己的梦想逊色百倍。要想取得世界顶级成就必须要走出舒适区——这是成功者、富有影响力的人以及最有幸福感的群体永志不忘的法则。"

红帽男子频频点头。观众席中也有不少人点头称是。

"从年少时起,我们就被灌输这样一种观念:恪守卓越、创新与正直的价值观理应毫不费力。因此,当道路变得崎岖不平需要我们耐心以对时,我们却误以为自己误入了歧途。""筑梦师"握住木椅扶手来支撑瘦弱的身体,边说边重新坐回到座位上。

"我们助长了软弱、怯懦、矫情的文化,培养出一批不信守诺言、违背承诺、稍遇阻碍就放弃抱负的庸才。"

"筑梦师"随即发出一声沉重的叹息。

"艰难并非坏事。铸就伟大与解锁内在天赋原本就是一场艰难的赛事。唯有那些执着突破自身最大极限的人,方能化茧成蝶。在实现特殊才能、展现最强能力与施展最激励人心的抱负的征途中经历的痛苦,恰恰是人类满足感的最大源泉。获取幸福与内心安宁的关键,在于确信自己已竭尽所能赢得耕耘后的收获,充满激情、充满干劲去成就最好的自己。

"爵士传奇迈尔斯·戴维斯(Miles Davis)疯狂地突破其研究的领域,释放出其惊人的潜力。米开朗基罗(Michelangelo)在创作惊世之作时,承受着精神、情感、肉体与灵魂的巨大煎熬。罗莎·帕克斯(Rosa

Parks）——那位拥有非凡勇气的普通裁缝，因在种族隔离的公交车上拒让座位而被捕。她遭受到公然羞辱，却由此点燃了民权运动。查尔斯·达尔文为完善其著名的进化论，竟以藤壶——没错，就是藤壶——为研究对象，展现出大师风范所需的执着，历时整整八年。这种追求专业极致的献身精神，在当今这个将大量稍纵即逝的大好时光耗费于刷自拍、围观网友早餐以及暴力电子游戏的时代，会被多数人贴上'疯狂'的标签。"慷慨陈词之际，"筑梦师"环视礼堂，目光如炬，仿佛要直视每位观众的眼睛。

"斯蒂芬·金（Stephen King）在创作出成名作《魔女嘉莉》（*Carrie*）前，曾在中学教写作课，也在工业洗衣房打过工，"年迈的"筑梦师"继续说道，"哦，你们知道吗？金一次又一次被拒稿，已然变得心灰意冷，甚至把在破旧拖车里写的手稿扔进了垃圾桶——他不想再抗争了。妻子塔比莎（Tabitha）在他外出时意外发现了这些稿纸。她掸去烟灰读完故事，跟丈夫说这简直是天才之作。于是，金将作品重新寄出。即便出版社同意了出版该作，他当时拿到的精装书预付金也只有区区 2500 美元。"

"真的吗？"靠近舞台处有位女士低声问道。她戴着缀有鲜红羽毛的翠绿色宽檐帽，浑身散发着特立独行的气质。

"千真万确，""筑梦师"答道，"凡·高一生创作了 900 幅油画和逾千幅素描，但死后百年才声名鹊起。驱动他创作的并非世俗的掌声，而是一种更睿智的本能——这种本能促使其不断探索自身创造力的极限，哪怕要饱受万般痛苦。铸就传奇从来不易，但我宁愿选择这条艰辛道路，也不愿像许多本可成就非凡的人那样，终生困在平庸的牢笼里痛苦挣扎。

"简而言之，让你最感不适的领域也往往潜藏着最大的机遇。那些困扰你的信念、滋扰你的情绪、令你忐忑不安的项目，以及抑制你才能绽放的怯懦情绪——都是你应该反其道而'克'之的地方。作为创意者、自由斗士和可能性主义者[①]，你要主动靠近这些通向伟大的门户，迅速接纳这些信念、情绪与项目，而非动辄拒之于千里之外。直面令你恐惧的事物，方能重拾久违的自我力量，寻回成年之后失去的纯真与敬畏。”

突然，“筑梦师”开始咳嗽。起初只是轻咳，继而剧烈咳嗽起来，如被复仇恶灵附体无异。在舞台侧翼，一个留着板寸头、身着黑西装的男子对着袖口隐藏的麦克风低语。灯光开始明灭不定，最终暗了下来。前排观众迟疑着站起身来，不知所措。

这时，一名梳着利落发髻、身着白色刺绣领的黑色紧身连衣裙的绝色女子快步冲上金属阶梯——这正是开场时“筑梦师”登台的阶梯。她冲向舞台——一手握着手机，一手抓着旧笔记本，红色高跟鞋在阶梯上敲击出阵阵急促的咔嗒声。

然而为时已晚。

“筑梦师”如同被击晕的拳击手，一心想赢但毕竟功力已减，终于在职业生涯的最后一个回合颓然倒地。他也曾有过辉煌，本该在多年之前就结束自己的演讲生涯。老演说家静静地躺着。由于跌倒时碰破了头，鲜血汇成细流。他的眼镜跌落身旁，手帕仍攥在掌心，那双曾熠熠生辉的眼睛再也没有睁开。

① 可能性主义者是由诺曼·文森特·皮尔（Norman Vincent Peale）提出的概念，指那些坚信任何事情都有可能发生的人。他们总是专注于可能性，即使在最艰难的情况下，也能看到机会和希望。——译者注

第 3 章　锵锵三人行

切莫以为尚有万年光阴可以虚度。命运之剑高悬，谁知何时灭顶。趁你仍生息于此世间，理应踔厉前行，成就真正卓越之自我。

——马可·奥勒留，古罗马皇帝

女企业家对一同参加工作坊的人撒了谎。她声称自己此行的目的是学习“筑梦师”提出的神奇公式——既能指数级提升创造力，又能学到他给业界领袖们讲授的取得卓越成就背后的神经科学原理。她暗忖，若能把这位大师的方法论学到手，就能在商界竞争中占据绝对优势，使企业迅速崛起成为行业霸主。但她的真实目的无非是重燃内心希望的火种，挽救濒临崩溃的人生。

艺术家参加活动则是为了激发创作灵感，提升艺术造诣，希望通过画作在艺术界留下不朽印记。

至于那位流浪汉，显然是趁人不备溜进会场的。

女企业家与艺术家比邻而坐，素昧平生的他们第一次开启对话。

“你觉得他死了吗？”企业家问正在摆弄脏辫的艺术家。

企业家的面庞棱角分明，额间皱纹纵横，如同新犁的农田。她留着中等长度的棕色头发，造型是那种“惹我试试”的风格。她像长跑运动员那样身材瘦削，胳膊细长，腿部健美。她身着时尚得体的宝蓝色裙装，目光忧郁，眼眸中沉淀着经年累月的创伤与公司危机的阴霾。

“不好说，毕竟他年事已高，还摔得那么重……太吓人了，我以前可没见过这种场面。”艺术家拽了拽耳环，忧心忡忡地说。

“我对他的事业不太了解，也不感兴趣。”企业家安稳地坐着，交叠双臂，雪纺衬衫领口处大大的黑色蝴蝶结在微微颤动。“但他提升创造力的言论确实发人深省，我们这个时代的电子产品正在摧毁我们的专注力和深度思考的能力。他的话提醒了我，一定要保护好自己的认知资产。”她刻意保持商业女强人高高在上的仪态，期待涅槃重生之机，绝口不提内心的煎熬。

“是啊，他绝对是个潮人，”艺术家附和道，看起来有些不安，“他的话对我帮助也很大。真没想到会出现这么一幕，简直像做梦一样。”

这位艺术家渴望提升技艺、改善生活，因此非常关注“筑梦师”的作品。然而，不知何故，他的心魔总能战胜他的天性，因而不可避免地扼杀了他的雄心壮志，毁掉了其绝妙的原创想法。

艺术家身形魁梧，蓄着一撮山羊胡子，身着黑色T恤和黑色六分裤，脚上穿着一双澳大利亚人常穿的那种橡胶底黑靴。文身从双臂一直斜文到左腿，一处文有“富人都是骗子”的字样，还有一处偷用了西班牙著名艺术家萨尔瓦多·达利（Salvador Dalí）的名句：“我不吸毒，我本身就是毒品。”

“嗨，伙计们，”流浪汉从企业家和艺术家后方几排座位处唐突地大嚷道。礼堂里的观众仍在陆续离场，负责音响的工作人员在叮叮当当地拆除舞台设备，清洁工在清扫地面，背景音乐飘荡着月之梦魇乐队（Nightmares on Wax）抚慰心灵的旋律。

两位新结识的伙伴转身望去，映入眼帘的是如野人般纠缠打结的乱发，仿佛数十年未修整过的胡须，还有破烂不堪、污渍斑斑的衣服。

“有何贵干？”企业家问道，冷冰冰的语气如同北极的冰块。

“兄弟，怎么啦？”艺术家的语气里带着一些温度。

流浪汉站起身，拖拉着脚走到两人身旁坐下了。

“你们觉得那位大师是不是挂了？”他一边抠着手腕上的疮疤，一边问道。

“不好说，”艺术家捻弄着另一根脏辫回答，“希望没挂。”

“你们喜欢今天的演讲吗？对老古董讲的内容感兴趣吗？”这个邋遢的不速之客继续追问。

“当然挺喜欢，”艺术家说，“我特喜欢他的演讲。虽然按着做起来不容易，但理儿绝对是那么个理儿，而且很有力度。”

“我持保留态度，”企业家阴阳怪气地说，“今天听到的有些东西确实还不错，但有些依然存疑，需要时间慢慢消化、验证。”

“要我说，他是当之无愧的头号人物。”流浪汉打了个嗝，继续说道，“多亏了他的教导，我才积累起海量财富，过上了顶级的生活。多数人等待奇迹降临，而他让我明白，卓越者主动创造奇迹。更棒的是，他不仅传授给我实现宏愿的秘传哲学，还教会了我将理念转化为成果的技术——真正行之有效的策略和工具。仅是他有关如何形成惯例，以及高效利用早上时间的革命性见解，就彻底扭转了我在职场上的影响力。”

一道锯齿状疤痕横亘在流浪汉右眼上方的额头，他的灰白胡须如钢针般耸立。他的脖子上悬挂着印度圣殿修士惯用的珠串项链。他夸张的言辞让人觉得他神智异常，沧桑的面容也暗示他已经在街头流浪数年。但他的声音透着异常的权威感，眼神中更是流露出雄狮般的自信。

“十足的怪胎，”企业家对艺术家耳语道，“他要是那么有钱，那我就是特蕾莎修女[①]。”

① 特蕾莎修女是著名的天主教慈善工作者，主要为印度加尔各答的穷人服务。因其一生致力于消除贫困，特蕾莎修女于 1979 年获得诺贝尔和平奖。——译者注

“就是。这人精神不正常，”艺术家回应道，“但你说奇怪不，他竟然戴了块硕大的手表。”

这位约莫六十多岁的流浪汉的左腕上，带着一块大手表，就是英国对冲基金经理在梅费尔（Mayfair）外出赴宴时喜欢佩戴的那种。枪械色泽的表盘环绕不锈钢边框，猩红纤巧的时针与落日橙分针相映生辉。彰显身份的奢华表盘搭配宽幅黑色橡胶表带，为整体造型注入了潜水腕表的硬朗气质。

“这种表轻轻松松就能卖到10万美元，”企业家严谨地做出判断，“我们公司首次公开募股次日就有员工购入同款。可惜公司的股价暴跌，但那该死的手表，他们可舍不得出手。”

“那么，你们两位究竟喜欢‘筑梦师’讲的哪一部分？”流浪汉继续挠着手腕问道，“是他开场时讲的有关天才心理学的内容，还是中间讲的那些成就亿万富翁的精彩路径模型？要不就是激发顶尖表现的神经生物学？抑或在他瘫倒之前阐述的‘成就传奇与服务人类’的责任论？”说完，他眨眨眼，瞥了瞥腕子上的大手表。

“嘿，兄弟们，聊得挺尽兴。但时间对我来说最为宝贵。杰出投资者沃伦·巴菲特说过，穷人在乎金钱，富人珍视时间。恕不奉陪了，私人飞机还在跑道上候着呢。”他挤了挤眼睛。

“他肯定得了妄想症。”企业家心中暗想。

“巴菲特还说过‘我买的西装很昂贵，只不过穿在我身上显得很廉价’，或许这句话更适合你。恕我冒昧，我不知你是如何混进来的，也不知道你那块大手表是从哪儿弄来的，更不知道你说的什么私人飞机在等你。请不要再以轻佻的口吻谈论演讲的事，这并不好玩儿。说真的，我真不确定那位老者是否还有生命体征。”

“确实太过分了，”艺术家抚着山羊胡附和道，“还有，你为什么说话像个冲浪者？”

“放轻松，伙计们，”流浪汉笑道，“第一，我确实当过冲浪手，少年时代在马里布逐浪，常去激浪区附近冲浪。如今改在塔马兰湾玩小浪——这地方你们肯定没去过。”

“没听说过这个破地方。你真是不可理喻。”企业家冷冷地说。

流浪汉来劲儿了，又开始继续说个没完。

“第二，我在商界曾经做得非常成功，创立的好几家公司个个利润丰厚。而如今许多公司营收数十亿，利润却寥寥无几，真是天大的笑话。这个世界太疯狂了，贪婪有余而理性不足。第三，请允许我多说几句，”他沙哑的声音愈发坚定，“确有一架飞机在等我，就在离这里不远的停机坪上。所以在我离开之前，我还是要再问一次——因为我真的想知道，你们俩最喜欢‘筑梦师’演讲的哪个部分？”

“都挺喜欢的，”艺术家答道，“整个演讲我都太喜欢了，我把这位传奇老人的每句话都录下来了。”

“这样做违法，”流浪汉双臂交叉，郑重其事地警告艺术家，“你会惹上官司的。”

“这确实违法，”企业家补了一句，“你为什么要录音？”

“没有为什么，想做就做了。规则向来就是用来打破的。你没听说过毕加索的话吗？要像专家一样学习规则，才能像艺术家一样打破规则。我要做真实的自己，而不是没种的绵羊，盲目跟着羊群走向死胡同。大多数人，尤其是那些有钱人，不过是一群骗子，”艺术家辩驳道，“就像‘筑梦师’常说的：‘你可以随波逐流，也可以改变世界，但二者无法并行。’所以我把整场演讲录了下来。来抓我呀，监狱是个好地方，说不定还能遇到酷炫的人。”

“好，算你厉害，”流浪汉说，“我虽然不赞同你的做法，但很欣赏你的激情。那你究竟最喜欢哪个部分，给我放个片段。”

“我录的每句话都会震撼你们！”艺术家抬起手臂，露出吉他大师吉米·亨德里克斯（Jimi Hendrix）的精致文身。在已故巨星的面部纹有“当爱的力量战胜了对权力的迷恋，世界就迎来了和平的曙光”的字样。“等着，你们马上就能听到震撼的内容，”他继续说道。

“那就开始放吧，”企业家起身催促道。不知为何，她内心深处正在悄然发生变化。她暗想：“上天苦我心智，莫非是要降大任与我？”

参与这场活动、结识艺术家、聆听‘筑梦师’的教诲——即便不完全认同其观点——让她开始觉得，她的商海沉浮或许是成就非凡人生必经的历练。企业家仍存疑虑，但感觉心门正在打开，这也许是成长的开始。她暗自发誓要继勇往直前，绝不退缩。旧有生活方式已然落伍，是时候改变了。

她想起钟爱的名言，语出西奥多·罗斯福：“真正值得称赞的不是那些批评家，不是那些指出强者如何折戟沉沙、后来者该如何鉴往知来的人。荣誉属于那些真正站在竞技场上的勇士，他们的脸上沾满尘土、汗水和鲜血；他们勇敢奋斗；他屡屡失误，屡败屡战，因为失误是成功的敲门砖，失败是成功的垫脚石。他们踏实实干、满怀热情、全心投入，为有价值的事业奉献终生。他们如若成功，终将品尝伟大胜利的果实；如若失败，至少拼命尝试过，虽败犹荣——那些懒惰、怯懦，不知胜败为何物的人永远不能望其项背。”

她还想起“筑梦师”演讲中的话：“你最想放弃的时刻，恰恰是需要你鼓起勇气、扬帆远航的契机。”于是，这位商界女性开启了内心深处的探索之旅，立誓要找到答案，解决问题，迎接美好的未来。她的希望正在升腾，忧虑逐渐退去。她顿感心旷神怡，内心深处在低语：加油，一场非凡的冒险之旅即将开启。

第 4 章　放下平庸和一切平凡

为什么，有时我会在早餐前就相信多达六件的不可能的事。

——刘易斯·卡罗尔，《爱丽丝梦游仙境》作者

“你是个画家，对吧？”流浪汉一边摆弄着破旧衬衫上一颗松动的纽扣，一边问道。

“是的，”艺术家嘟囔道，“有点沮丧，我画得不是很好。”

“我在苏黎世的公寓里有很多艺术品，”这个流浪汉放纵地笑着说，“就在房价飙升之前，我在班霍夫大街（Bahnhofstrasse）买了一套房子。我始终明白只保持高质量的重要性，这是我为创造自己精心打造的生活所做出的最好的制胜举措之一。在我的公司里，我只允许最优秀的员工加入，因为你不可能指望平庸的员工创立一流公司。我们只发布完全颠覆我们市场的产品，然后通过它们的价值来彻底改变这个领域。在我的个人生活中，也是一样的：我只吃最好的食物，虽然我吃得不多。我只读最原始、最有思想的书，把时间花在最有光亮、最令人振奋的地方。在人际关系方面，我身边的人只会给我带来快乐、带来平静，激励我成为一个更好的人。生命太宝贵了，不要和不懂你的人在一起。你和他们没有共鸣。他们的价值观与你的不同，标准比你的低。他们有不同的心态、心境、健康态和灵性态。”

“有意思，”企业家盯着手机说，“他似乎确实知道自己在说什么。”她轻声对艺术家说，眼睛仍然盯着屏幕。

她脸上如蜘蛛网般的皱纹进一步舒展开来。她的一只手腕上挂着两只完美无瑕的银手镯，一只上刻着“化腐朽为神奇”，另一只上刻着“速战速决”。这位企业家在她的公司刚起步时就给自己买了这些礼物，当时她非常自信。

“我知道心态，”艺术家说，“从来没听说过心境、健康态和灵性态，伙计。”

“你会的，”流浪汉建议道，“一旦你这样做了，你在你的世界里创造、生产和展示的方式就会完全不同。对任何帝国缔造者和世界建设者来说，这都是一些革命性的概念。目前很少有人知道它们。如果他们知道并且这样做了，他们生活中的每一个重要元素都会迅速增加。现在，我只想继续坚持我的个人承诺，对我周围的一切都追求超高质量。你周围的环境确实塑造了你的感知、灵感和行动。艺术滋养着我的灵魂，伟大的书籍是我希望的堡垒，丰富的对话放大了我的创造力，美妙的音乐使我振奋，美丽的风景使我精神焕发。只需要一个充满积极性的早晨，就可以提升整整一代人的素养。我想说的是，提升人类素养是最富有的5%的人所从事的商业运动。商业的真正目的不只是创造个人财富。参与这个游戏的真正原因是造福社会。我做生意的主要目的是服务他人。金钱、权力和声望只是我成长过程中不可避免的副产品。在我年轻的时候，一位了不起的老朋友教会了我这种经营方式。它完全改变了我的经济状况和个人自由的高度。从那以后，这种特立独行的商业哲学一直主导着我的做事方式。谁知道呢，说不定哪天我会把我的导师介绍给你们。”

那个流浪汉停顿了一下。他研究着他的大手表。接着，他闭上眼睛说：“掌控你的早晨就能提升你的生活。”像施了魔法一样，一张又小又厚的白纸出现在他伸出的左手掌心上。这是一个神奇的游戏。如果你和这三个灵魂站在一起，你一定会印象深刻。

右侧图是白纸上的图像。

企业家和艺术家此时都张大了嘴巴，看起来既困惑又着迷。

“你们两个心中都有一个英雄。在成年人告诉你要限制你的能力、束缚你的天赋、背叛你内心的真理之前，你还是个小孩子的时候就知道了这一点。”流浪汉告诉他们，听起来很像演说家的风格。

“成年人都是退化的孩童，”他接着说，“当你还年轻的时候，你就懂得了如何生活。凝视着星星让你满心欢喜，在公园里跑步让你感到充满活力，追逐蝴蝶让你充满喜悦。哦，我多么喜欢蝴蝶啊。然后，随着你长大，你忘记了如何为人，忘记了如何勇敢、热情、充满爱心和疯狂地活着。你宝贵的希望破灭了，平凡变得可以接受。当你开始担心如何融入社会，如何比别人拥有更多和受欢迎时，你的创造力、积极性和对自己伟大的亲近感的光芒变得暗淡起来。成年人的世界往往充满着稀缺、冷漠和局限，所以请不要陷入其中。现在，我邀请你们进入一个只有真正的大师、伟大的天才和真正的历史传奇人物才知道的秘密现实，去发现你们从未意识到的、内在的原始力量，从而凭借它们在工作和个人生活中创造奇迹。我已经拥有并体验过了，我来到这里就是为了帮助你们做到这一点。”

企业家和艺术家还没来得及说话，流浪汉就继续他的演说：“哦，我在强调艺术的重要性，以及你赖以生存的生态系统。这让我想起了葡萄牙作家费尔南多·佩索阿的一句名言：‘艺术通过幻觉将我们从糟糕的存在中解放出来。虽然我们能感受到丹麦王子哈姆雷特所承受的委屈和痛苦，但我们并没有感受到自己的委屈和痛苦，因为它们是我们的，因为它们糟糕得令我们难以接受。’这也让我想起凡·高说过的话：‘就我而言，我一无所知，但看到星星会让我做梦。’”

流浪汉艰难地咽了一口唾沫，他的眼睛转向别处。他紧张地清了清嗓子说：“朋友们，我经历了很多——被生活击倒，被踢来踢去，生过病，遭到袭击，被虐待。”

流浪汉笑了，一种奇怪的、有喉音的、马戏团小丑般的酸笑。他继续说道：“不管怎样，一切都很好。痛苦是通往我们内心深处的大门。明白我的意思吗？悲剧是大自然伟大的净化器。它会燃烧掉自我的虚伪、恐惧和傲慢。如果我们有勇气进入那些使我们受伤的地方，我们就会重新拥有我们的天赋和才华。苦难会带来许多回报，包括同理心、本源性、相关性和真实性。乔纳斯·索尔克说：‘我曾有过梦想，也曾做过噩梦，但我已经因为我的梦想而战胜了我的噩梦。’”

“他是个‘超级怪人’，令人难以置信的怪异，但他身上有一些特别的东西。”企业家平静地对艺术家承认道，她只是稍微卸下了在她辉煌的职业生涯中一直保护她的愤世嫉俗的盔甲。她继续说道：“他刚才说的正是我需要听到的。我知道他看起来就像住在大街上的纸板箱里，但请注意听他说的话。有时他说话像个诗人。他怎么能如此口齿伶俐？他的深度从何而来？他说的那个教会了他很多东西的‘老朋友’又是谁呢？他身上还有一种温暖，让我想起了我的父亲。我仍然想念他。他是我的知己，我的头号支持者。他也是我最好的朋友。我每天都在想他。”

“好吧，”艺术家对这个古怪的陌生人说，“你问我最喜欢这次演讲中的什么内容。我很喜欢之前演说家谈到斯巴达勇士信条的那部分，喜欢这句话：‘练时多流汗，战时少流血。’我还喜欢他的台词：‘伟大的胜利是在无人观看的清晨，当其他人都在睡觉的时候取得的。’他关于世界级晨练价值的教导非常好。”

企业家低头看了看她的设备。“我做了一些很好的笔记，但我没有捡到那些宝石。”她一边说，一边记下了她刚才听到的内容。

“我们只听到我们想要听的东西，”流浪汉睿智地说，“所有的学问都与我们现在的认知相符。随着我们的成长，我们的认知、理解能力也越来越强。”

向软弱宣战，向恐惧宣战

演说家的声音突然响起。那个流浪汉突然睁大了眼睛，看得出来，他对听到那个熟悉的腔调非常吃惊。他四处寻找源头。很快，一切都清楚了。

那个艺术家正在播放他在研讨会上偷偷录下的内容。

“这是我最喜欢的部分，完全可以回答你的问题，兄弟。”他直视着那个衣衫褴褛的流浪汉的眼睛说道。

不要沉迷于让你分心和受折磨的事情，要确保你在职业和个人生活中最重要的领域持续取得精通水平的成绩，最明智的方法是培养出一套世界级的早晨例行程序。胜利始于你的开始。你人生最初几个小时就是你成功的时刻。

向软弱宣战，向恐惧宣战。你真的可以早起，这样做是你追求传奇的必要条件。

好好照顾你一天中的前半段，剩下的时间就会水到渠成。掌控早晨的人注定掌控人生。

可以听到演说家的喘息声，就像一个游得太远、太快的游泳新手发出的声音一样。艺术家继续展示他的录音，把音量调大，让声音变得非常响亮。

这里有一个珍贵的小秘密，工业巨头、杰出的艺术家和人类的超级成就者永远不会与你分享：巨大的成果与你的遗传基因关系不大，而与你的日常习惯关系更大。到目前为止，你的早晨例行程序是最需要调整的，然后成为你的日常习性。

当我们看到偶像们在行动时，我们的文明向我们兜售的强大诱惑就是相信他们一直都是那么伟大。他们中了幸运的DNA彩票。他们的天赋是遗传的。然而，事实是，我们现在看到的他们身上耀眼的光芒，是他们经过多年的不懈练习而形成的。当我们观察商业、体育、科学和艺术领域的杰出人物时，我们观察到的是他们对单一追求的专注、对一项技能的天文数字般的专注、为一个目标付出的巨大牺牲、非同寻常的深度准备和极其坚定的耐心所获得的结果。记住，每个专业人士都曾经是业余爱好者，每个大师都是从初学者开始的。普通人也能成就非凡，只要他们养成正确的习惯。

“这个家伙真结实。”流浪汉说。他像狂欢节上的孩子一样拍着脏手。他又看了看手表。然后他开始拖着脚，前后摇晃着屁股。他的双手在空中挥舞着，他又闭上了眼睛，打着响指。从他干裂的嘴唇里发出了早期说唱歌手在没有音箱的情况下发出的声音。

“你到底在干什么？”艺术家喊道。

“跳舞，”流浪汉回答道，他的动作很优美，“继续给我带来这些美妙的知识。苏格拉底说：‘教育是点燃火焰。’艾萨克·阿西莫夫（Isaac Asimov）写道：‘我坚信，自我教育是唯一的教育形式。’所以，继续播放演说家的演讲吧，伙计。这一切都太复杂了。”

艺术家继续播放录音。

请强烈抵制来自这个世界的所有剽窃，这些剽窃会诱使你分心并导致“数码痴呆症”。迫使你的注意力回到潜在的、渴望充分表达的顶峰，今天，释放所有让你停滞的力量。开始做一个想象力丰富的人——一个罕见的、从你未来的高贵而不是过去的牢笼中走出来的人。我们每个人都渴望充满奇迹的日子。此时此刻，生活在这个时代的所有人都有一种原始的心理需求，那就是创造出令人惊叹的杰作，每天都生活在不同寻常的敬畏之中，并且知道我们在某种程度上是在以丰富他人生活的方式度过我们的时间。

我们每个人都以自己真实的方式创造历史。对一个人来说，这可能意味着成为一名优秀的程序员或一名能提升年轻人心智的优秀导师。对另一个人来说，这个机会可能意味着成为一个伟大的母亲或管理者。再对另一个人来说，这种好运可能意味着发展一项伟大的业务或成为一名出色的销售人员，为客户提供卓越的服务。有机会被后代铭记并过上一种真正有意义的生活，这不是什么陈词滥调。事实上，这是一个真理。然而，我们中很少有人发现并建立了保证这些结果出现在我们面前的心态、晨练习惯和坚持下去的条件。我们都想重新获得与生俱来的卓越天赋、无限的快乐和免于恐惧的自由，但我们中很少有人愿意去做那些能够使我们隐藏的天赋展现出来的事情。很奇怪，对吧？这是非常可悲的。我们大多数人都被催眠了，失去了发光的本领。在这个时代，我们大多数人都把最宝贵的时间花在了忙碌上，追逐微不足道的目标与短暂的快乐，而忽视了真正的生活。最终会导致梦想破灭。把你最好的早晨和有效率的日子花在向上爬，而当你体弱多病、满脸皱纹时，你才发现这是错误的，这又有什么意义呢？非常可悲。

“这部分真的引起了我的共鸣，”企业家略带激动地插嘴道，“我绝对是对科技上瘾了，看起手机简直停不下来，从早到晚。这耗尽了我的注意力。我几乎无法专注于我和我的团队所承诺的重要交付成果。生活中所有的噪声都在消耗我的精力，我只是觉得我再也没有自己的时间了。所有的信息、广告、娱乐与社交活动都让人应接不暇。演说家说的话对我提高自己作为领导者的标准也很有帮助。我有点碰壁了。我的公司发展得比我想象的要快，我变得比我想象的更成功，但是有些事情给我带来了巨大的压力。”她把目光移开，再次交叉双臂，心想：我不能告诉他们我真正面对的是什么。

然后她继续说：“我不得不解雇一些我真正喜欢的人，因为我知道，那些在企业生命周期的某个阶段适合的人，可能随着公司的发展而不再适合。这是很困难的。他们以前是称职的员工，但现在不是了。我的店里发生的一些事让我的生活发生了翻天覆地的变化。对我来说，这是一个非常动荡的时刻。”

“嗯，关于你说的提升领导力的观点，”流浪汉回答说，“请记住，领导者的工作是帮助不相信你的人接受你的愿景，帮助无力的人克服自己的弱点，帮助绝望的人建立自信。你说要解雇那些你喜欢但已经不适合你现在业务的员工，这是企业发展的规律。之所以会发生这种情况，是因为他们没有随着你的企业发展而成长。他们开始走下坡路。他们停止了学习，停止了创造，停止了接纳新事物。结果，他们就不再是企业的绝佳价值孵化器。他们可能会责怪你，但他们是自作自受。”这位不请自来的陌生人表示。他对团队建设和在商业中取胜的深刻见解令听众感到惊讶。

“嗯。没错，”企业家回答道，“所以我们不得不把他们抛下，因为他们跟不上企业的发展要求。很多个晚上，我在凌晨2点醒来，浑身是汗。也许就像F1赛车手马里奥·安德烈蒂说的那样：‘如果一切似乎都在掌控之中，那你跑得还不够快。’这似乎就是我大多数时候的感觉。

我们很快就突破了关键业绩指标，这让我头晕目眩。新的队友需要指导，新的品牌需要管理，新的市场需要渗透，新的供应商需要关注，新的产品需要改进，新的投资者和股东需要打动，还有上千项新的责任需要处理，我感觉真的很多。我有能力完成大事，但我肩上的担子太重了。”

这位企业家收紧双臂，心不在焉地皱着额头。她那薄薄的嘴唇抿在一起，她的眼神表明她忍受着巨大的痛苦。

流浪汉分享道：“关于你对科技上瘾的观点，只要记住，如果使用得当，它就会推动人类进步。通过明智地使用技术，我们的生活变得更好，我们的知识变得更丰富，我们的奇妙世界变得更触手可得。正是对技术的滥用破坏了人们的思想，破坏了他们的生产力，破坏了我们社会的基本结构。如果你整天都在玩手机，你的手机就在消耗你的财富，你知道吗？你刚才说的你身上的所有压力，多么棒啊。网球传奇人物比利·简·金说‘压力是一种特权’。每一次挑战都伴随着一个绝佳的机会，让你作为领导者、表演者和普通人提升到更高层次。障碍只不过是一种测试，旨在衡量你对你的抱负所寻求的回报有多认真。它们的出现决定了你有多大的意愿去提升自己，成为能够取得如此成功的人。在生活中，几乎没有什么比个人的发展和潜力的释放更重要。托尔斯泰写道：‘每个人都想改变世界，但没有人想改变自己。’成为更伟大的人，你也会自然而然地成为更好的领导者，更伟大的创造者。是的，我同意成长非常不易，但我的导师曾经教导我：‘如果你执着于恐惧就一定会经历磨难，这样你获得的崇高荣誉才会经历一种轮回。’这正是他和我说的话。怪异又深刻，对吧？”流浪汉一边拨弄着自己戴的念珠，一边说。

他不等回答就继续说下去。

“我的导师也告诉我：‘要找到最好的自己，就必须丢掉脆弱的自己。’这只有通过不懈改进、持续反思和不断自我挖掘才能实现。如果你不坚持每天向上，你的余生就会被生活所困。这让我想起记者诺曼·卡曾斯说过的话：‘生命的悲剧不是死亡，而是虽生犹死。’”

流浪汉提高了他沙哑的声音说：“我的导师还告诉我，一旦我们改变了与自己的关系，我们就会发现我们与他人的关系、我们的工作、我们的收入和我们的影响力都会改变。大多数人无法接纳他们自己，他们永远无法独处和保持沉默。他们需要不断地与他人在一起，以逃避被自己浪费的所有潜力，从而错过了孤独和安静带来的奇迹和智慧。或者他们无休止地看电视，却没有意识到这不仅侵蚀了他们的想象力，也使他们的财富受损。”

“我的生活太复杂了。我感到不知所措，没有自己的时间，”企业家重复道，“我不确定我的生活发生了什么。事情变得很艰难。”

“我理解你，”艺术家把一只胳膊搭在新朋友的肩上说，“我的直觉告诉我，你经历的要比你分享的多得多。这也没关系。有时候，生活似乎是一团糟。我闭上眼睛，希望脑子里的迷雾能消失，哪怕只有一天。有些时候，我甚至无法正常思考。在那些日子里，我的心中一点希望都没有。它糟透了。很多人也很差劲，伙计。我不是反社会，而只是‘反白痴’。这年头蠢人太多了。他们穿着自己买不起的衣服，噘着嘴拍愚蠢的时尚照，而且和自己根本不喜欢的人在一起。我宁愿过一种有思想的生活，一种冒险的生活，一种真实的生活，一种艺术家的生活。人们变得如此肤浅，快把我逼疯了。”

然后，这位艺术家一拳打在另一只手上。他的下巴上出现了“不屈”的表情，粗壮的脖子上青筋暴起。

“当然。我明白你的意思，”流浪汉说，“生活并不容易，各位。很多时候都很艰难，但就像约翰·伦农说的：‘最后一切都会好起来的。如果没有好起来，那就说明还没到最后。'”他和善地说，滔滔不绝地引用了他大脑里似乎取之不尽的话。

艺术家立刻变得温柔起来，以一种看起来近乎甜蜜的方式微笑着。他深深地呼出一口气。他很喜欢刚才听到的话。

“而且，”流浪汉继续说道，“我们三个显然是要进入这难得的个人和专业领域精通的空间，这不是弱者可以做到的事。升级你的生活，让你知道真正的快乐，优化你的技能，让你拥有自己的领域，这在很多时候都是不舒服的。我得说实话，但我学到了一句箴言：成长的痛苦比后悔的破坏性小得多。”

“你从哪儿学来的？”艺术家一边问，一边在笔记本上潦草地写下了这些话。

然而，流浪汉回答道：“还不能告诉你。”以此来增加发现许多见解的神秘感。

这位企业家转过身去，把她的一些想法记录在她的设备上。然后，这个流浪汉把手伸进他那件满是洞的格子衬衫的口袋里，拿出一张破旧的索引卡。他举着它，就像一个幼儿园的小朋友在展示和讲述。

“在我很年轻创办第一家公司的时候，一位杰出人士把它送给了我。我很像你们这些家伙：满怀梦想，准备在世界上留下自己的印记。我渴望证明自己，想要主宰比赛。你知道，我们生命的前 50 年主要是在寻求合法性。我们希望得到社会的认可，希望得到同龄人的尊重，希望邻居会喜欢我们。我们买各种我们根本不需要的东西，痴迷于赚钱，但我们真的不喜欢。”

“完全同意。”艺术家喃喃自语。

活动场地现在空了，却形成了一个特别的气场。

“如果我们有勇气审视自己的内心，我们会发现，我们这样做是因为我们的内心感到空虚。我们错误地认为外在的物质会填补我们内心的空虚，但它永远不会。无论如何，当我们中的许多人到达人生的‘中场休息’时间时，都会做一个直角转弯。我们开始意识到我们不会永生，我们的日子屈指可数。因此，我们接纳生命的有限性，这一点很重要。我们意识到我们将会死去，真正重要的东西会变得更加清晰。我们变得更加深思熟虑。我们开始怀疑自己是否忠于自己的天赋，忠于自己的价值观，并以自己认为正确的方式取得成功。我们会想，当我们离开后，我们最爱的人会怎么谈论我们。这就是我们中的许多人做出巨大转变的时候：从寻求社会的合法性到构建有意义的人生。过去的 50 年不再是关于我，而是关于我们。少一点自私，多一点奉献。我们不再向生活中添加更多的东西，而是开始做减法——简化。我们学会品味简单的美，体验对小奇迹的感激之情，欣赏无价的内心平静，花更多的时间培养人际关系，并逐渐明白付出最多的人才是胜利者。然后，你的追求就变成了对热爱生命本身的非凡奉献，以及对许多人的善意。这就有可能成为你通往不朽的大门。”

“他真的很特别，”企业家小声说，“我已经好几个月没有这种充满希望、充满活力和脚踏实地的感觉了。我的父亲曾经帮助我度过困难时期，自从他去世后，我就感到孤立无援。”

“他怎么了？”艺术家问。

“我现在有点脆弱，尽管我现在感觉比早上刚来的时候更强壮，这是肯定的。但我只想说，他自杀了。父亲是一个了不起的人——一个非常成功的商业先驱。他开过飞机，开过跑车，还喜欢喝上等葡萄酒。他是那么有活力。后来，他的生意伙伴夺走了他的一切，这与我现在所处的可怕场景如此相似。总之，他的世界崩溃的压力促使他做了我们无法想象的事情。我猜他只是看不到任何希望。”这位企业家哽咽着说。

“你可以靠在我身上。”艺术家温柔地说。在说这些话的时候，他把一只小拇指上戴着嬉皮士戒指的手放在他的胸前，看起来既有绅士风度又有波希米亚风情。

像演说家一样的流浪汉打断了两人正在分享的亲密时刻。

“来，读读这个，”他一边说着，一边递上索引卡，“当你们提升到下一个绩效水平，体验这场冒险所带来的一切，进入追求领导力、个人掌控力和非凡生产力的职业生涯时，这将是非常有帮助的。”

在那张随着岁月的流逝而泛黄的纸上，用红字写着：“所有的改变一开始都是艰难的，中间是混乱的，最后是华丽的。”

“非常好，”这位企业家说，“对我来说，这是一条很有价值的信息。谢谢你。”

每一天都在展示自己的领导力

艺术家继续播放他非法录制的演说家的分享：

你们每个人心中都有一个安静的天才和一个胜利的英雄。如果你们愿意，不妨把这些当作一个高龄励志者的理想主义话语。但我为自己是一个理想主义者而自豪。我们的世界需要更多的我们。然而，我也是一个现实主义者。事实是：很不幸，今天地球上的大多数人都不怎么看重自己。他们通过外在的身份来确保自己的身份。他们根据拥有的东西而不是培养的性格来评价自己的成就。他们被偶像所呈现出来的、精心策划的、虚假的东西所误导。他们用自己的净资产来衡量自我价值。他们被一种错误的想法所绑架，认为因为某些事情从来没有做过，所以不可能做到——这耗尽了他们的生活本应伟大而激动人心的可能性。这就解释了为什么大多数人会陷入不确定、无聊、分心和复杂的流沙之中。

“戏精们，”流浪汉再次打断了她的话，“这就是我对那些感染了受害者病毒的人的称呼。他们所做的只是抱怨事情对他们来说有多糟糕，而不是运用他们的原始力量让事情变得更好。他们索取而不是给予，批评而不是创造，担忧而不是行动。产生抗体来对抗任何形式的平庸，从你在办公室的职业生涯到你在家里的私人生活。永远不要做一个戏精。”

企业家和艺术家互相偷看了一眼，然后他们咯咯地笑了起来，既因为这个古怪的陌生人所使用的术语，也因为他在说刚才的话时举起一条手臂，并用一只手的手指做了一个和平手势。如果你和他们站在一起，你也会觉得他很奇怪。

随后，可以听到录音中演说家用戏剧性的口吻说出下面的话：

说白了，在你的余生中，你每天都会面临展示领导力的机会，无论你在哪里，无论你做什么。领导力不只是全球化的象征和市场巨头的专利。这是一个人人都可以参与的竞技场。因为领导力与拥有正式头衔、大办公室和银行存款关系不大，而与致力于掌控你所做的一切以及“你是谁”关系更大。这是关于拒绝让消极情绪绑架你的敬畏感，防止任何形式的平庸侵扰你的生活。领导力就是要在当下有所作为。真正的领导力是要做出勇敢展现天赋的工作，通过创新和执行力让你的整个系统都焕然一新。它无比崇高，经得起时间的考验。

永远不要只为了收入而工作，要为影响力而努力。追求对价值的释放，这代表着一种近乎诗意的、非凡的魔力。充分展示人类创造的可能性，培养你的耐心，坚持你对世界的奉献，即使你一生只创作出一件杰作。仅凭这一成就，你的人生之旅就值得一走。

你要成为一个艺术大师，一个杰出的人。排名前 5% 的人不太在意名气、金钱和认可度，他们更多地投资于在自己的职业生涯中并超越自己，创造出激励和服务数百万人的生产力。这往往就是他们能赚到数百万美元的原因。你要永远保持活力。

这个流浪汉闭上了眼睛，然后趴在地板上做了一连串单臂俯卧撑。他一直在念叨："掌控你的早晨就能提升你的生活。"

企业家和艺术家摇了摇头。

"我最喜欢的书之一是《先知》，"艺术家若有所思地说，"它是有史以来最畅销的诗歌作品之一。我读到哈利勒·纪伯伦把手稿带在身边长达四年之久，在交给出版商之前不断地修改它，使之成为纯粹的艺术。我仍然记得他在接受记者采访时所说的那些关于他的创作过程的原话，这些话给了我很多引导。他的话让我作为一个艺术家获得了更大的力量，尽管我经常与拖延症做斗争。就像我说的，我很好，但我知道我可以很棒，如果我能战胜自我破坏和心中的'恶魔'。"

"他说了什么？"流浪汉问道，他正站在那儿摆弄着他的大手表，汗珠顺着他棱角分明的脸颊蜿蜒而下。

"他是这么说的，"艺术家说道，"'我想确定，非常确定，每个字都是我所能提供的最好的'。"

"好极了，"流浪汉回答说，"这是优秀的人一直坚持的标准。"

突然，在音频中可以听到演说家的咳嗽声。他接下来的评论似乎是他挣扎着说出来的。

任何人都可以在我的鼓励下成为领导者，无论这是在容易还是困难的时候。从今天开始，如果你这样做了，你未来一定会取得胜利。需要补充的是，人们都可以通过一系列有效的日常仪式来提升自己的思维、表现、活力和一生的幸福，然后不断练习，直到它们成为自己的第二天性。这就引出了我的演说中最重要的一条原则：要想在工作中取胜、生活得精彩，最好的起点就是加入我所说的“凌晨5点俱乐部”。如果你不能每天早上抽出点时间让自己成为世界级的人物，你怎么可能实现愿望呢？

这位企业家现在正以一种前所未有的速度做笔记。艺术家的脸上挂着“这让我感觉很强大”的笑容。流浪汉打了个嗝，然后趴在地板上做了个平板支撑，这是健身房里的专业人士喜欢做的，可以锻炼出强壮的核心肌群。

接着，他结结巴巴地说出了这些话。他喘着粗气，声音开始颤抖，就像一个新手电话推销员初次打销售电话一样。

凌晨5点起床真的是所有日常习惯之母。加入凌晨5点俱乐部是一种提升所有人类行为的表现。这个养生法是终极推动器，可以帮助你成为一个不凡的人。你开始一天的方式确实决定了你在这一天的专注程度、精神状态、兴奋程度和卓越程度。每个清晨都是故事中的一页，都是你翻开生命新篇章的起点。每一个新的黎明都是一个新的机会，释放你的活力，释放你的潜能，并在取得显著效果的集体中发挥作用。你的内心有这样的力量，它在黎明的第一缕曙光中展现得最淋漓尽致。请不要让过去的痛苦和现在的挫折削弱你的荣耀，扼杀你的不可战胜性，抹杀潜伏在你内心深处的无限可能性。在一个试图打压你的世界里，让自己振作起来。在一个希望你停留在黑暗中的时代，踏入你的光明。在一个让你忘记自己天赋的时刻，重拾你的天赋。我们的世界要求我们每个人都这样做。成为我们技艺的捍卫者，成为成长的勇士，无条件的爱的守护者——守护全人类。

对世界上其他所有人表现出尊重和同情，不管他们的信仰、肤色或种族如何。在一个文明社会中，帮助他人获得提升，同时让他人感受到潜藏在内心的奇迹。我所说的一切都将触动你未被破坏的那一面，在你被教导去除恐惧和怀疑之前，你的那一面茁壮成长着。这是你的工作，作为你生命中的英雄，作为一个改变文化的创造性成就者，作为一个地球公民，找到内在的维度。一旦完成，你的余生将与它重新连接起来。

接受这个人类主宰的机会，我向你保证，成功将注入你的余生，你将发挥自己最大的潜能。事实上，一系列看似不可能的奇迹将会有序地降临到你最真实的梦想上，使其中最好的梦想成真。你将进化成为一个稀有而伟大的灵魂，通过与我们同行这个简单的行为来造福整个世界。

会议大厅现在暗了下来。企业家长叹了一口气，艺术家一动不动，流浪汉开始哭起来。

然后，流浪汉站在椅子上，像牧师一样举起双臂，大声说着爱尔兰剧作家萧伯纳的话：

这是生命中真正的乐趣：为一个伟大目标而奋斗，成为大自然的一股力量，而不是一个愁病缠身、狂热自私的人，只会抱怨这个世界没有尽力让你快乐。我认为生命属于整个社会，只要我活着，我就有权为它奉献一切。

我希望在我死的时候把自己彻底耗尽，因为我工作越努力，活得就越久。我为生命本身而欢喜。对我来说，生命不是短暂的蜡烛，而是灿烂的火炬，此刻为我所拥有。在把它传给子孙后代之前，我想让它尽可能燃烧得更加明亮。

流浪汉随即跪了下来，亲吻他的念珠，泪流满面。

第 5 章　探索奇妙的晨间习惯之旅

每个人的命运都掌握在自己手中，就像雕刻家塑造作品时手中掌握的材料一样。要想把材料打磨成我们想要的样子，就必须持续学习与刻意锤炼。

——歌德，德国著名思想家

“如果你们两个感兴趣，”流浪汉说，“我很乐意花几个上午的时间在我濒海的院子里指导你们。我将向你们展示我私人的早晨例行程序，并解释为什么将你们第一个小时的工作方式提升到最高效率，对个人精通和卓越的业务表现至关重要。在相当短的时间内，你们将重启美好生活。和我一起旅行会很有趣的，不过并不总是容易的，正如老演说家所说的那样。但是有价值、有意义且充满诗情画意，甚至可以媲美西斯廷教堂的天花板。”

“我第一次看到它时就哭了。”艺术家抚摸着他的山羊胡子说。

“米开朗基罗是个坏家伙。我这么说是出于好意。”流浪汉一边说着，一边摆弄着被弄脏的胡子。然后他掀起衬衫，展示“希腊神”般的腹肌。一只脏兮兮的手的细长手指沿着轮廓移动，就像五月的阵雨过后，雨滴顺着玫瑰的花茎蜿蜒而下。

“用棍棒让我清醒一下吧，”艺术家像一只在鹦鹉店里被放出来的猫一样热情地喊道，“你是怎么弄到这些的？”

“肯定不是我从深夜电视节目里买的塑料腹肌，我是靠运动才瘦成这样的。在我的海滩上，经常做大量的俯卧撑、引体向上、平板支撑、仰卧起坐和大汗淋漓的有氧运动。”流浪汉拿出一个显然很贵的皮钱包，然后小心翼翼地从里面取出一块塑料，上面画着一幅画。你可以清楚地看到企业家和艺术家在那一刻看到的东西（如下图所示）。

这个蓬头垢面的流浪汉不顾两个听众的反应，继续说道：“承诺、纪律、耐心和工作。如今很少有人相信这种价值观，很多人都有一种应得权利心态，期待有朝一日过上富足的生活，就像初春的麻雀一样。而且期望他们身边的每个人都付出他们应该付出的努力。这种运作方式的领导力在哪里？”

承诺、纪律、耐心和工作

“我有时是这样看待我们现在这个世界的：一个成年人表现得像被宠坏的小孩子。不是评判，只是说说而已；不是抱怨，只是报道。嘿，我想让你们看看我健美的腹肌，这就是我想说的：不努力的人什么都不适合。我说的是少说多做。哦，看看这个。”

流浪汉说完，转过身来，解开了他那件满是洞的衬衫的扣子。在他结实、纹理分明的背上有一个文身，上面写着“业精于勤，荒于嬉”。

“来我家玩吧，在一个神奇的小岛上，这个小岛位于一片神奇的海洋中，距离开普敦海岸有 5 个小时的路程。”他把刻有海边风景的塑料卡片递给企业家。他兴高采烈地指着手绘的图像说：“那些是我的海豚。”

“这次旅行绝对值得，”他继续说道，“毫无疑问，这是一生难得的冒险。你们的一些宝贵和激动人心的时刻将在那里展开。朋友们，你们需要信任我，和我一起走一走。我会把我知道的关于世界级晨间仪式的一切都教给你们。我会帮助你们成为凌晨 5 点俱乐部的成员。你们将学会早起，有规律地起床——这样你们到中午时完成的事情就会比大多数人在一周内完成的要多，这样你们就会达到最佳的健康、快乐和平静状态。世界上如此多的成功人士在日出前起床是有原因的——那是一天中最特别的时刻。我将解释我是如何使用这种变革性的方法来建立帝国的。需要明确的是，帝国的形式有很多种——经济只是其中之一。你们也可以打造艺术帝国、生产力帝国、人文帝国、慈善帝国、个人自由帝国，甚至精神帝国。我会保存几乎所有我有幸从改变了我生活的导师那里学到的东西。你们会学到很多，会被深深打动。你们会以全新的视角看待这个世界。你们还会品尝最美味的食物，观看最壮观的日落。你们可以在海里游泳，和海豚一起浮潜，坐我的直升机飞过在风中舞动的甘蔗林。如果你们两个都接受我诚挚的邀请来拜访我，我希望你们住在我家里。”

“天哪，你是在开玩笑吧？”艺术家大声说道。越来越明显的是，和许多人一样，他非常情绪化，对无穷小的事物保持警惕，并带有一种源于潜在痛苦的敏感性。那些比大多数人感觉更强烈的人有时会认为自己被诅咒了。事实上，他们被赋予了一种天赋，这种天赋能让他们感受到别人错过的东西，体验到大多数人忽视的快乐，注意到平凡时刻的庄严。是的，这样的人更容易受到伤害，但他们也创作了伟大的交响乐，建造了令人眼花缭乱的建筑，找到了治疗疾病的方法。托尔斯泰曾说：“只有能够强烈去爱的人才能承受巨大的悲伤。”苏菲派诗人鲁米写道：“你必须不断地让自己心碎，直到能敞开心扉。”艺术家似乎是这些见解的化身。

“不是的。我完全是认真的，朋友们，”流浪汉热情地说，“我有一所房子，离一个叫作‘孤独’的村庄不远。相信我，这样的命名很精准。

只有当你远离噪声和滋扰，在平静与安宁中，你才会真正思考想成为的人。让我们一起对生活说‘是’吧！就像演说家所说的那样，你越是开始利用沿途看似偶然出现的绝佳机会，奇迹就越会出现在你面前。你不能赢一场并未参与的比赛。现实是，生活会一直支持着你，即使看起来并不是这样。但当机会之窗出现时，你需要尽自己的本分，全力以赴。哦——如果你们来到我在岛上的家，我唯一的要求就是你们待得够久，好让我把我的导师传授给我的哲学和方法论教给你们。加入凌晨5点俱乐部需要一点时间。”

流浪汉停顿了一下，然后接着说："我也会负责你们所有的开销，一切都有保障。如果可以，我甚至会派我的私人飞机去接你们。"

企业家和艺术家对视了一眼，觉得既有趣又困惑，完全拿不定主意。

"兄弟，介意我和我的朋友单独待一会儿吗？"艺术家问道，手里还拿着笔记本。

"毫不介意。当然，慢慢聊。我要回到我那边的座位上，给我的执行团队打几个电话。"流浪汉边走边说。

"这太荒谬，太愚蠢了，"艺术家对企业家说，"我完全同意你的看法，他身上有一些特别之处，甚至可能有一些神奇之处。我知道这听起来很疯狂。我被他一直提到的那位导师吸引了，听起来那位导师有点像演说家。我承认，这个流浪汉确实有一些独到的见解，而且他似乎很有经验。但你看看他！天啊，这家伙看起来很落魄——完全是一团糟。我觉得他好几周没洗澡了，他的衣服都破了。他太古怪了，有时他会说一些疯狂的话。我们不知道他是谁，也许是个很危险的人。"

"是的，真的太奇怪了。今天在这里发生的一切都非常奇怪。"企业家说道。她瘦削的脸庞随即变得柔和起来，不过眼神仍然看起来很忧郁。"我正处在我生命中需要做出一些重大改变的阶段，"她吐露心声，"我不能再这样下去了。我明白你的意思。自从我 11 岁失去父亲以来，我几乎对所有人和所有事都心存怀疑。女儿在没有父亲的环境中长大是非常可怕的。说实话，我仍然带着很多情感创伤。我每天都想起他。我有过一些糟糕的亲密关系。我一直在与低自我价值做斗争，并在我的人际关系中做出了一些糟糕的选择。”

“大约一年前，我开始去看心理医生，他让我意识到我为什么会有这样的行为，”企业家继续说道，“心理学家称之为‘缺乏父爱综合征’。在内心深处，我非常害怕被抛弃，害怕那种创伤带来的强烈的不安全感。是的，这让我在外表上看起来格外坚强，而且在某些方面表现得很无情。父亲的离去给了我动力，但也让我内心空虚。我开始明白，我一直在努力填补他离开时留下的空白，我在工作中把自己逼得精疲力竭，因为我相信当我更加成功的时候，我就会得到失去的爱。我一直试图通过赚取更多的钱来填补我的情感空缺，就像一个需要特定物质的物质成瘾者。我一直渴望获得社会地位和行业认可——当我本可以做一些有意义的事情时，我却在互联网上追求娱乐带来的即时快感。就像我说的，我意识到我的很多行为都是由我年轻时经历的挑战所引发的恐惧导致的。当演说家谈到永远不要为了钱而做事，而要成为世界级领导者，成为一个有价值的人，激发成长的机会，做一些改变世界的尝试时，我深受鼓舞。他的话让我充满希望。我想过上他说的那种生活，但我现在离那个状态还差得很远。最近公司里发生的事情把我逼到了崩溃的边缘。我现在过得不太好。我来参加这个研讨会是因为我的母亲给了我一张免费的票。我非常渴望改变。”

这位企业家深吸了一口气。“对不起，”她道歉说，看起来有点尴尬，“我几乎不了解你，所以我不知道我为什么要告诉你这些。我想我只是觉得和你分享这些很安全。如果我分享太多了，我很抱歉。”

“没关系的。”艺术家说。他的肢体语言表明他很投入，他不再焦急地摆弄他的山羊胡子和小脏辫。

“当我们和出租车司机或其他我们不认识的人聊天时，我们都会很诚实，对吧？”企业家接着说，“我想说的是，我已经做好转变的准备了。我的直觉告诉我，这个落魄的人想要告诉我们，养成优秀的晨间习惯能够助力我们建立富有创造力、生产力、财力和幸福感的企业帝国。这真的可以帮助我，帮助我们。”

“还有，”她补充道，“别忘了他的手表。”

“我很喜欢他，”艺术家说，“他很有个性。我喜欢他有时如此诗意地表达自己，有时又如此热情地对待他人。他的思考如此生动，还引用了萧伯纳的名言，仿佛他的生命就依赖于此。他真的很酷，但我还是不太相信他。至于那块手表，可能是他从某个有钱的傻瓜那里偷来的。”艺术家一边说着，一边又把拳头打在了摊开的手掌上。

“听着，我理解你的感受，”企业家回答说，“很多人都有同样的感觉。你和我也是刚认识，我不知道和你一起去旅行会是什么感觉，希望你不介意我这么说。你看起来很不错，但可能有一些缺点。我想我知道这些见解来自哪里，但你内心深处是善良的。我知道。”

艺术家看上去有点兴奋。他瞥了一眼那个流浪汉，流浪汉正吃着塑料袋里的牛油果片。

“我得看看怎么合理安排时间，这样我们就能和他再待一段时间。”企业家指着那个流浪汉说道，“我开始期待在岛上那个名为‘孤独’的村庄附近待上一段时间，吃美味的食物，和野生海豚一起游泳。我开始觉得这将是一次非凡的冒险，从而感觉更有活力了。”

“好吧，既然你这么说了，我也喜欢这个想法，”艺术家说，“我开始觉得这一切都是美妙的疯狂。这是一个进入全新创意世界的特殊机会，这对我的艺术来说可能是迄今为止最好的东西了。这让我想起作家查尔斯·布可夫斯基说过的话：‘有些人从不发疯，他们过着多么可怕的生活啊。’演说家确实鼓励我们打破正常生活的界限，这样我们才能发挥自己的天赋、才能和优势。某种本能也告诉我要这么做。所以，如果你去，我也去。”

“好吧，你知道吗？我愿意冒险一试，也会全力以赴。我们走吧！”企业家说。“全押。”艺术家同意道。

他们俩都站了起来，朝那个闭眼坐着的流浪汉走去。

“你在做什么？”艺术家问。

“对我想要成为的人和我想要创造的更高阶生活进行想象。一位土耳其战斗机飞行员曾经告诉我，在每次飞行之前，他都会在我们起飞之前起飞。他的意思是，他和他的团队在他想象的画面里，要一丝不苟地排练预设任务情景，这样他们就能够在现实中完美地执行那个任务。你的心态、心境、健康态和灵性态是实现个人伟大、卓越的生产力和创造性胜利的强大工具。如果你们接受我的邀请，我会教你们所有这些非凡的概念。好了，回到我闭眼的原因。几乎每天早上，我都会想象自己未来一天的理想表现。我也会深刻感受自己的情绪，这样我就能体会到顺利实现计划的感觉。我让自己处于一种极度自信的状态中，任何形式的失败都不可能发生。然后我走出去，尽我最大的努力度过完美的一天。”

“有意思。”企业家被吸引了。

“这只是我每天为保持巅峰状态而进行的标准操作程序之一。科学研究表明，这种做法可以通过激活之前处于休眠状态的基因，来帮助我提高基因组的调控水平。你的 DNA 不能完全主宰你的命运，你知道的。别担心，朋友们。当你们在岛上的时候，你们会了解到表观遗传学这一突破性的领域。你们还会学到一些在这个容易分心的时代如何加倍成功的神经科学知识，这样大规模分散注意力的武器就不会破坏你们的天赋。你们会听到一些绝妙的方法来保护你们的精神能量和身体能量。你们会发现世界上优秀的商人是如何建立起市场主导企业的，你们会学习一套校准系统，地球上最快乐的人每天早晨都用它来创造一种近乎完美的生活。我想你们两个也会来吧？”

“是的。我们会来，”企业家开心地表示，“谢谢你的提议。”

“是啊，谢谢你，兄弟。”艺术家补充道，他看起来更镇定了。

“请，”企业家恳切地说，“把你所知道的一切都教给我们吧，关于有影响力的领导者和成功的商人如何设定早晨例行程序。我非常想提高我的工作表现和日常工作效率。我也需要你的帮助来重塑我的生活。说实话，我今天感觉备受鼓舞，我已经很久没有这种感觉了，但我现在并不是处于最佳状态。”

“是的，兄弟，”艺术家说，“告诉我们你的秘诀，一个史诗般的早晨例行程序，帮助我成为最好的画家以及我能成为的最好的人。”他一边说，一边在空中挥舞着笔记本。“把你的飞机派来，带我们去你的村庄，让我们骑你的海豚吧，改善我们的生活。我们都参与进来。”

“你们所发现的一切都不会是动力，”这个邋遢的流浪汉以前所未有的严肃态度说道，“这一切肯定都与转型有关。它将得到强有力的数据、最新的研究，以及已经在艰难的工业战壕中经受过战斗考验的非常实用的战术的支持。准备好迎接你们将要经历的最伟大的冒险吧！”

“太棒了，”企业家一边说，一边伸出手与这位饱经风霜的陌生人握手，“我必须承认，整件事对我们俩来说都非常新奇，但不管出于什么原因，我们现在信任你。是的，我们完全接受这种新体验。”

“你为我们这样做真是太好了。谢谢你。”艺术家脱口而出。他似乎对自己的慷慨程度有些吃惊。

“太棒了。聪明的决定，朋友们，”流浪汉热情地回应道，“请明天早上到会议中心外面来，带上至少够几天穿的衣服，仅此而已。就像我说的，我很乐意处理其他的事情，所有的费用都由我承担。谢谢。”

“你为什么要感谢我们？”企业家诧异地问道。

流浪汉温柔地笑了笑，若有所思地挠了挠胡子说：“马丁・路德・金在遇刺前的最后一次布道中说：‘每个人都可以变得伟大，因为伟大是通过为他人服务而界定的。你不必要有大学学位才能服务，你不必让你的语言完美才能服务，你不必了解柏拉图和亚里士多德的哲学智慧才能服务，你不必知道爱因斯坦的相对论才能服务。你只需要一颗充满恩典的心，一个由爱产生的灵魂。’”

流浪汉擦去嘴角的牛油果酱，然后继续说下去。

“这些年来，我学到的最重要的一课就是：赠人玫瑰，手有余香。让别人快乐，你会得到更多的快乐。提升你的同伴的状态，自然也会提升你的状态。成功很酷，但意义也很重要。慷慨——而非匮乏——是所有升级了我们这个世界的伟人的特质。我们需要纯粹的领导者，而不是执着于自身利益的自恋狂。”

流浪汉最后一次低头看了看他的大手表。他说：“当你离开这个世界的时候，带不走你的头衔、净资产和高档玩具。我还没见过一辆卡车跟着灵车去参加葬礼。”他咯咯地笑了。两位听众也咧嘴一笑。

“他是个宝贝。”企业家低声说。

“对极了。”艺术家承认。

“别再说那么多‘对极了’了，”企业家说，“这很令人困扰。”

“好吧。”艺术家看起来有点震惊。

“在你生命的最后一天，最重要的是你所发挥的潜力，所展现的英雄主义，以及为人类带来的美好生活，”流浪汉雄辩地说。然后他安静了下来，深吸了一口气说：“好吧，真没想到你们能来，我们会玩得很开心。”

“明天我们什么时候在这个地方见你呢？”企业家问道，把手提包放在她瘦骨嶙峋的肩膀上。

“凌晨 5 点，”流浪汉指示道，“掌控你的早晨就能提升你的生活。”

然后，他就消失了。

第 6 章　精进不辍方能登峰造极

你们的时间有限，所以不要浪费时间去重复别人的生活。不要被教条所束缚——那是活在别人思考的结果中。不要让别人的意见淹没了你们内心的声音。最重要的是，要有勇气跟随自己的内心和直觉，因为它们在某种程度上已经知道你真正想成为什么样的人。

——史蒂夫·乔布斯，苹果公司创始人

“我太累了，”企业家在假期里慢吞吞地嘟囔着，手里拿着一大杯咖啡，“这段旅程可能比我想象的要艰难。我开始觉得自己走进一个全新的世界。就像我昨天在研讨会后告诉你的，我已经准备好改变了，准备迎接一个新的开始，但我也对这一切感到不安。我昨晚没怎么睡，做了如此怪异的——有时甚至是暴力的——梦。是的，我们同意的这次经历可能很危险。”

“唉，我觉得自己像死了一样，伙计，”艺术家说，“我讨厌起这么早。这是个糟糕的主意。”

这两个勇敢的人正站在大厅外的人行道上，前一天演说家曾在这里施展了他的传奇技能，他的倒下让很多人心碎。

当时是凌晨 4 点 49 分。

“他不会出现的，”艺术家粗暴地吼道。他身穿黑衣，左手腕上扎着一条红宝石色的圆点头巾，穿着一双和昨天一样的靴子，跟那些澳大利亚人穿的一样。他向冷清的街道吐了一口唾沫。他眯着眼睛望着天空，交叉起他的文身手臂。

企业家则肩上扛着一个尼龙行李袋。她穿着波希米亚风格的丝绸衬衫、名牌蓝色牛仔裤和高跟凉鞋。她的嘴唇紧抿在一起，脸上的皱纹排列成一系列有趣的交叉点。

“我敢打赌，那个流浪汉不会出现，”她冷笑着说，“我不在乎他的手表。他的口齿伶俐也不重要。他让我想起了我的父亲，这对我来说毫无意义。天哪。他去参加研讨会可能是因为他需要一个地方休息几个小时。他可能知道整个凌晨5点俱乐部的例行工作，因为他偷听到了演说家的演说。他谈到的私人飞机可能是他最喜欢的幻觉之一。”

这位企业家又回到了她熟悉的怀疑态度，并躲在自己的保护堡垒里。前一天燃起的希望显然已经破灭了。

就在这时，一对威力惊人的车灯穿透了黑暗之墙。

两个同伴面面相觑。企业家勉强挤出了一个微笑。“好吧。也许本能真的比理性聪明得多。”她自言自语道。

一辆闪闪发光的黑色劳斯莱斯停在了路边。一个身穿整洁的白色制服的男子迅速从轿车上跳下来，礼貌地向两人打招呼。

“早上好，女士。你也是，先生。”他一边用英式口音说着，一边熟练地把他们的行李放进车里。

“流浪汉在哪里？”这位艺术家像一个从未离开过森林的乡下人一样机智地问道。

司机忍不住笑了起来。很快，他恢复了镇静。

“很抱歉，先生。是的，莱利先生穿得很朴素。当他觉得有必要‘坚韧’时，他就会这么做。他大部分时间都过着非常独特的生活，习惯于得到他想要的任何东西。他偶尔会做些事情，以确保自己的谦逊不受影响。我得补充一句，这是他古怪魅力的一部分。莱利先生让我把这些给你们。”

司机拿出两个信封，信封是用高质量的纸做成的。打开信封，企业家和艺术家看到了这些文字：

嘿，朋友们！你们真的很棒。昨天不是故意吓到你们的，我只是需要脚踏实地。我最喜欢的哲学家之一爱比克泰德写道："无论是公牛还是高尚的人，都不会一下子变成现在的样子；他必须进行艰苦的冬季训练，做好准备，而不是贸然去做不适合自己的事情。"

自寻不适，无论是像我那样穿着朴素，还是每周禁食一次，抑或每月睡一次地板，都让我保持坚强、自律，并专注于我生活中的几个核心优先事项。总之，祝你们旅途愉快，我们很快就会在天堂见面。大大的拥抱。

司机接着说："请记住，外表可能会误导人，它并不能揭示一个人的品质，也不能完全反映一个人的性格。昨天你们遇到了一个伟大的人。"

"我想刮胡子也没用。"艺术家一边说，一边用一只黑色靴子踢着车轮中央闪亮的劳斯莱斯标志。

"莱利先生永远不会把我将要告诉你们的事告诉你们，因为他太有礼貌、太正派了。但是，你们所说的'流浪汉'先生恰好是世界上最富有的人之一。"

"你是认真的吗？"企业家睁大了眼睛问道。

"我当然是。"司机礼貌地微笑着打开车门，用一只戴着白手套的手欢迎两位乘客上车。

座位上有一种新皮革散发出的奇妙的麝香味。木质镶板看起来像是手工制作的，出自一个精益求精的工匠小家庭之手，他们以此闻名。

莱利先生的故事

“莱利先生多年前通过各种商业投资发家致富。他也是这家如今已成为国际知名公司的早期投资者。出于谨慎，我不能提这个名字。如果莱利先生发现我在和你们谈论财务问题，他会非常失望的。他的指示很简单，就是以最谨慎的态度对待你们，同时向你们保证他的真诚和可靠，并把你们安全地送到21号机库。”

“21号机库？”艺术家问道，他懒洋洋地坐上豪华的汽车，就像一个习惯了这种交通工具的摇滚明星，或者一个准备在周末狂欢的嘻哈艺术家。

“那是莱利先生的喷气式飞机机队停放的地方。”司机简洁地说。

“机队？”企业家问道，她美丽的棕色眼睛里充满了好奇。

“是的。”司机只说了一句。

当司机驾车快速驶过清晨的街道时，周围一片寂静。艺术家一边看着窗外，他已经很多年没见过日出了。“非常特别。真的很美，”他承认，“每天的这个时候，一切都是那么平静。没有噪声，如此静谧。虽然我现在觉得很累，但我真的能思考。事情似乎变得更明朗了。我的注意力没有一团糟。多么安宁啊。”

琥珀色的光线、黎明空灵的色调，以及此刻的宁静，都让他备受鼓舞和心生敬畏。

企业家仔细询问了司机。“那么，多跟我说说你的老板吧。”她一边说，一边不安地摆弄着她的设备。

司机说：“我不能告诉你更多了。他身价数十亿美元。他把大部分钱都捐给了慈善事业。莱利先生是我所认识的最迷人、最慷慨、最富有同情心的人。他拥有坚强的意志力、坚定的价值观，具有诚实、同理心、正直和忠诚等宝贵精神。当然，恕我冒昧地说一句，他也是个怪人，就像很多超级富豪一样。”

“我们注意到了，”企业家表示赞同，“不过，我很感兴趣，你凭什么说他是个怪人？”

“你会明白的。”司机直截了当地回答。

劳斯莱斯很快就到达了一个私人机场。没有莱利先生的踪迹。司机加速驶向一架看起来维护得很好的象牙色飞机。它身上唯一醒目的颜色出现在机尾上。在橙黄色的色调中，写着“5AC”三个字。

“‘5AC’代表什么？”企业家紧张地问道。

“凌晨5点俱乐部，掌控你的早晨就能提升你的生活。这是莱利先生做利益管理时遵循的格言之一。现在，很遗憾，我必须在这里向你们告别了，再见。”他说着，把行李搬上了闪闪发光的飞机。

两名英俊的机组人员在通往机舱的金属楼梯旁聊天。一位优雅的金发空姐递给企业家和艺术家热毛巾，然后从一个银色托盘里给他们端上咖啡，并用俄语对他们说“早上好”。

“很高兴见到你们，”司机一边朝飞机喊，一边回到车里，“见到莱利先生后，请代我向他问好。一定要在毛里求斯玩得开心。”

“毛里求斯？”同伴们惊呼道。

“这简直令人难以置信，”艺术家一边爬进机舱，一边说，“毛里求斯！我一直想去那个岛，地球上许多最温暖、最幸福的人都住在那里。”

“我也被震撼了。”企业家一边喝着咖啡，一边往驾驶舱里看。“我还听说毛里求斯很棒，那里的人超级友好，乐于助人，精神乐观向上。”

飞往毛里求斯

在一次完美的起飞后，这架飞机飞向云端。一到巡航高度，高级香槟就被奉上，鱼子酱也被推荐，还有一系列美味的主菜也被推荐。这位企业家对她的投资人残忍地企图将她的公司从她手中夺走一事已经远没有之前那么激动。或许，这是一个完美的时间，让她远离现实，去发现这个世界上最成功、最有影响力和最快乐的人是如何开始他们的一天的。

喝了一些香槟后，企业家看了一部电影，然后她就睡着了。艺术家则带着一本有关米开朗基罗和拉斐尔的书，他读了好几个小时。可以想象他当时有多兴奋。

“欢迎来到毛里求斯，”当飞机沿着新铺好的跑道滑行时，机长通过广播系统宣布，“非常感谢。欢迎来到毛里求斯和西沃萨古尔·拉姆古兰爵士国际机场。”他以一个在天空中度过了大半辈子的人应有的自信说：“很荣幸能请到你们两位贵宾。莱利先生的私人助理对我们说了你们的行程，几天后我们会再次见面。再次感谢你们搭乘我们的航班，我们相信这次旅程是无比愉悦的，最重要的是安全。”

一辆擦得锃亮的黑色 SUV 在停机坪上闪闪发光，空乘护送她的特殊乘客下了飞机，进入嗡嗡作响的汽车。

“你们的行李很快就会送到。不用担心，它们会被送到莱利先生海滨庄园的客房。谢谢。”她用优雅的声调说道，并真诚地挥了挥手。

“这太棒了。”企业家一边高兴地自拍，一边一反常态地噘着嘴，像个时尚达人。

“太棒了。”艺术家回答道，他像阿尔伯特·爱因斯坦（Albert Einstein）在那张著名的照片中一样伸出舌头，抢了她的镜头。

SUV 行驶在高速公路上，高高的甘蔗林在印度洋吹来的芳香微风中摇曳。这位安静的司机戴着一顶白色的帽子，虽然他看起来年纪大了些，但他还是像一个年轻学徒致力于成为最优秀的学徒一样精准地行驶。在整个驾驶过程中，他的注意力始终集中在前方的人行道上，以确保乘客的安全，同时平稳高效地将他们送到目的地。

在一个小社区里，SUV蜿蜒驶过。一个双腿修长、瘦骨嶙峋的男孩骑着一辆香蕉自行车，车座在咯吱作响的金属车架上被设置得太高了点。在另一条路上，一群穿着背心、冲浪短裤和人字拖的十几岁女孩在狭窄但精修的马路上轻快地行走，紧随其后的是一名穿着军绿色工装短裤的男子，他穿的T恤背面印着“The No.1 Flame-Grilled Chicken”（No.1 明火烤鸡）字样。

一切似乎都按照岛上的时间运转着。人们看起来很愉悦，笑容满面、活力四射，这在我们许多人正在经历的超负荷、机器主导、有时甚至没有灵魂的生活中并不常见。海滩美得难以形容，花园也非常美丽。整个场景被一系列的山脉所覆盖，它们看起来就像是由16世纪的佛罗伦萨雕刻家雕刻出来的。

“看到那上面的岩石结构了吗？”司机打破了沉默，指着其中一座山顶上的一块人形的岩石说道，“那叫人头山（Pieter Both）。它是毛里求斯第二高的山。看到山顶了吗？它很像一个人的脑袋，对吧？”

“的确如此。”艺术家回答说。

SUV蜿蜒驶过另一个社区。前廊的一个小喇叭里播放着音乐，两个十几岁的男孩和三个十几岁的女孩在欢快地跳舞，女孩头上戴着白色和粉色的花，一只狗在其后面欢叫着。

企业家旁边的车窗开着，她那棕色的卷发在风中飞舞。她那张平常布满皱纹的脸现在看起来十分光滑。现在她内心平静。她的一只手放在座位上——离艺术家的一只手不远，那只手的中指和食指上有精致的文身。

“马克·吐温写道：‘先有毛里求斯，后有天堂；天堂复制了毛里求斯。’”这位司机分享道，他现在变得热情起来。在说完刚才的话后，他像就职典礼上的总统一样自豪地微笑着。

“从来没有见过这样的事，”艺术家说，他心中的敌意现在被一种更加平静、无忧无虑和放松的态度所取代，“我在这里感受到的氛围，正在激发我内心深处的创造力。”

企业家看着艺术家，甚至超过了他可以接受的时限。然后她把目光移开，看向大海。虽然不情愿，她还是忍不住温柔地笑了笑。

可以听到司机对着 SUV 的扬声器低声说：“五分钟后到。”然后，他递给每位乘客一块手工制作的似乎是金制平板，并告诉他们：“请仔细研究这些。”

在这珍贵的金制平板上精心刻着五条规则，内容如下：

规则 1 沉溺于分心是你创作的终结。帝国缔造者和历史创造者在黎明前为自己留出一个小时，在超越复杂束缚的宁静中，为世界级的一天做好准备。

规则 2 培养不出天才只是借口。仅仅因为你以前没有养成早起的习惯并不意味着你现在做不到。放下你的合理化，记住每天的小改进，当持续不断地做时，会带来惊人的结果。

规则 3 所有的改变一开始都是艰难的，中间是混乱的，最后是华丽的。你现在觉得容易的事情，一开始都是艰难的。坚持练习，与太阳一起起床将成为你的新常态，而且是主动的。

规则 4 为了获得前 5% 的成功人士所拥有的结果，你必须开始做 95% 的人不愿意做的事情。当你开始这样生活时，大多数人会说你疯了。记住，被冠以“怪胎”之名，本就是成就伟大必须付出的代价。

规则 5 当你想要投降时，继续坚持你的初心。胜利喜欢百折不挠的人。

汽车缓行过海滨别墅。白色海滨别墅的车道上停着一辆布满灰尘的小型皮卡，潜水装备散落在另一家的前院。在最后一栋房子前面，一群孩子在院子里玩耍，玩得很开心，笑得很张扬。

随后，大海映入眼帘，绿色和蓝色的海浪在与沙滩碰撞之前发出沙沙的声音，海风携甘露之甜与肉桂之香。在一个宽阔的码头上，一个留着圣诞老人一样的胡子、穿着卷边的卡其裤、带着摩托车头盔的男子在赤脚捕鱼。

太阳开始落山了，一个迷人的耀眼球体，在海平面上投下了金色的倒影。鸟儿还在鸣叫，蝴蝶还在飞舞，这一切都出奇的和谐。

"我们到了。"司机对着设在金属栅栏旁边的对讲机宣布。

大门慢慢地打开了。

汽车沿着一条蜿蜒的道路行驶，道路两旁种满了三角梅、木槿、鸡蛋花和钟形胭脂花（毛里求斯国花）。司机打开车窗，海风携着茉莉和玫瑰香拂面。穿着漂亮园艺服的园丁真诚地挥手，当车辆驶过时，有两个人喊着"你好"。

这位亿万富翁的房子很低调，巧妙地融合了海滨的清新与瑞典农舍的温馨，既美丽又私密。

屋后阳台广阔，探海而延。山地车倚墙，冲浪板搁置在旁边。奢华的落地窗是唯一奢华的装饰，鲜花铺满甲板，手推车上放置佳肴奶酪、柠檬姜茶，被晒得发白的灰色台阶蜿蜒至绝美海滩。

在所有这些精致之中，有一个孤零零的身影站在白色沙滩上，这个男子身材高大，他光着膀子，皮肤被晒成古铜色，身穿带有迷彩图案的宽松短裤和淡黄色的凉鞋，戴着超级时尚的太阳镜。他凝视着大海，岿然不动。

"那里，"企业家指着说，"我们终于见到主人了。著名的莱利先生。"

她精力充沛地说着，加快了脚步，匆匆走下通向海边的木质楼梯。“看看他！他只是在水边闲逛，沐浴着阳光，无比热爱着生活。告诉过你他很特别，他一直信守诺言，在这个世界上，有太多人说着他们从未做过的事情，做出他们无法兑现的承诺。他虽不认识我们，但他始终如一，真诚助人。很高兴我相信了自己的直觉，同意了这次奇妙的冒险。快点，好吗？”她一边催促她那行动缓慢的同伴，一边挥手鼓励他。“我真想给莱利先生一个大大的拥抱！”

“我也是。他确实言出必行。朋友，我需要晒晒太阳，”艺术家一边喃喃自语，一边加速，以便靠近企业家。他气喘吁吁。

当这两位客人走到这个男子的身边时，他们注意到眼前没有其他房子。只有几艘木制渔船停泊在靠近岸边的浅水区，船身的油漆随着岁月的流逝已经剥落。除了这位崇拜太阳的意大利式帝国建设者，没有其他人的踪迹。

“莱利先生，”艺术家喊道，此刻他正躺在沙滩上，贪婪地把空气吸进他那非常不健康的肺里。

这个瘦削的身影就像皇宫里的卫兵一样，一动不动地等待着皇家车队的到来。

“莱利先生。”企业家热情地附和道。

没有回应。艺术家很快站在这个人晒得黝黑的肩膀后面，在他左边的肩膀上拍了三下。那个人立刻转过身来。两位客人倒吸了一口凉气。企业家用纤细的手捂住了自己的嘴。艺术家本能地向后一跳，然后倒在了沙滩上。

两人都被眼前的情景惊呆了。

那个人是他们之前见到的那位演说家。

第 7 章　真正的财富源于自律

孩子很容易相信不可思议的事情，天才或疯子也是如此。只有你和我，我们的大脑袋和小心脏，它们怀疑、多虑、犹豫。

——史蒂文·普雷斯菲尔德，好莱坞知名作家、编剧

“你是那位演说家。哇哦！”这位企业家带着一种半惊半喜的笑容说道。

“我们参加了你的研讨会。嗯，你在舞台上表现得非常出色。”她终于成功地表达了这句话，令人印象深刻地从温和的震惊转向了她更习惯的那种“宇宙主宰”的商业姿态。“我领导着一家科技公司。我们是业内专家所说的‘火箭公司’，因为我们一直在经历指数级增长。事情一直进展得非常顺利，直到不久前……”企业家的声音渐渐低了下去。

她把目光从演说家身上移开，盯着艺术家。她紧张地摆弄了一会儿手镯，她脸上的皱纹更加明显了。就在那一瞬间，在那壮观的海滩上，她的脸上流露出一种沉重、疲倦和受伤的神情。

“发生了什么事？”演说家问，“关于你的生意？”

“有些投资我公司的人觉得我有很多股权。他们希望得到更多，你懂的，超级贪婪的人会干出什么事。所以，他们操纵了我的管理团队，说服了关键员工联合起来反对我，现在还想把我赶出公司。那个地方就是我的全部。”企业家哽咽道。

一群色彩艳丽的热带鱼在靠近沙滩的浅滩里游来游去。

“我已经准备好结束自己的生命了，”她继续说道，“直到我出现在你的研讨会上。你的宝贵知识给了我希望，你说的很多话让我再次坚强。虽然不确定结果如何，但是你让我相信自己，相信自己的未来。我想谢谢你，你让我开始了优化自己生活的旅程。”她拥抱了演说家。

“非常感谢你慷慨的话语。”演说家回答说，他看上去与上次企业家和艺术家见到他时的样子截然不同。他不仅有了人们在阳光下晒出来的那种健康的光泽，而且他现在站得很稳，体重也增加了一些。

“我很感激你信任我，并告诉我这一切，”演说家继续说，“但事实是，你正在主动改变你的生活，开始将我的见解和方法付诸实践。大多数人一生都保持不变。他们太害怕了，不敢改变他们昨天的运作方式。嫁给了普通人的自满，嫁给了从众枷锁，同时拒绝了所有成长、进化和个人提升的机会。你很有智慧，根据我演讲分享的一些信息采取了行动。你是当今极少数人中的一个，愿意不惜一切代价成为一个更好的领导者、创作者。祝你好运。”

羽化成蝶，并不是件易事，在最好的‘你’诞生之前，之前的‘你’必须死去。你是如此聪明，不要等到万事俱备才开始行动，过上无懈可击的个人生活。简单的开始能释放出伟大的力量。当你开始把你最大的愿望变成现实，从而结束它所开启的循环时，你内心的一股隐秘的勇气与力量就会显现出来。大自然会注意到你的努力行动，然后继续推动你前进，用一系列你意想不到的胜利来回应你的忠诚承诺。你的意志力会增强，你的自信心会攀升，你的才华也在飙升。一年后，你会为今天的开始而感到高兴的。”

“谢谢。”企业家说。

“我听一个男人说，在他开始跑步之前，他需要减肥。想象一下，减肥才能让他养成跑步的习惯。这就像一个作家等待灵感来开始他的写作，或者一个经理等待升职来领导这个领域，抑或一个初创公司在推出颠覆现状的产品之前等待全部资金。生命之流奖励积极的行动，惩罚犹豫不决的行为。不管怎样，我很高兴我能为你的成长做出一点点贡献。听起来你的个人冒险正处于一个艰难而又令人兴奋的时期。”

“我们以为你去世了，”企业家毫不掩饰地说，“谢天谢地，你没事。我很欣赏你的谦逊。”

“我相信最谦虚的人就是最伟大的人。纯粹的领导者非常自信，他们的主要任务就是提升他人。他们内心充满了这样的自尊、快乐与平和，他们不需要为了感觉好一点而向社会宣传他们的成功。”他解释说。

“我们的文化告诉我们要追求头衔和荣誉、掌声和赞美、金钱和豪宅。这一切都很好——只要你不被洗脑，通过这些东西来定义你作为一个人的价值。享受它们，但不要太依赖它们。拥有它们，但不要把你的身份建立在它们之上。欣赏它们，但不要过度追求它们。这些只是我们的文明赋予我们的虚假力量，让我们相信我们必须追求成功和宁静。事实上，如果你失去了其中任何一样东西，你从中获得的力量就会消失，显露出它原来是幻觉。”

“请多告诉我们一些。”企业家全神贯注地听着每一个字。

“真正的力量从来不会来自外部。”这位演说家继续说道。“很多有钱人并不是很富有。”演说家一边说，一边脱下亮黄色的人字拖，把它们整齐地放在沙滩上，“真正的力量——传奇故事的素材——并不来自你外在的身份和外在所拥有的东西。当你接触到你的天赋并实现你作为人类的最丰富的才能时，真正和持久的力量就会表现出来。而且真正的财富来自生产力，来自勇气、自律、诚实、同理心与正直这些高尚的美德，以及能够以自己的方式过好每一天，而不是盲目的随波逐流。好消息是，今天在这个星球上的任何人都可以获得我所说的这种力量。当生活伤害了我们，让我们失望、困惑时，我们可能已经忘记并否认我们所拥有的这种力量。但它仍然在那里，等着我们与它建立关系并发展它。当甘地去世的时候，他只有大约 10 件财产，包括他的凉鞋、眼镜和碗盘等。特蕾莎修女，内心如此富足，拥有影响数百万人的真实力量，却在一个几乎没有世俗物品的小房间里离世。”

“为什么这么多英雄的财富如此之少？”艺术家问道，此刻他正躺在沙滩上休息。

“因为他们的认知水平非常高，这让他们看到了花时间追逐那些最终毫无意义的目标是徒劳的。他们已经把自己的性格塑造到这样的程度，以至于他们不再像大多数人一样，需要用消遣、诱惑、逃避和奢侈品来填补自己内心的空洞。他们对物质财富的欲望越淡化，他们就越渴望追求精神财富，比如他们推崇创造性的眼光，表现他们与生俱来的天赋，按照更高的道德蓝图生活。他们发自内心地明白，励志、掌控和无畏都是内心的工作。一旦获得了真正的力量，外部替代品与这种财富所带来的满足感相比就一文不值了。哦，对了，这些历史上的重量级人物在发现自己崇高的本性时，也逐渐认识到，精心打造的人生的主要目标之一就是贡献。具体来说，是发挥影响力、体现实用性和乐于助人。这就是商业觉醒者所说的‘释放利益相关者价值’。就像我倒下前在研讨会上提出的那样：‘领导就是服务。’哲学家鲁米的观点比我说得更精彩，他说：‘你不是海洋中的一滴水，你是一滴水中的整片海洋。’”

“谢谢你的分享。”企业家诚恳地说，她坐在艺术家的旁边，小心翼翼地把一只手放在距离艺术家的一只手很近的地方。

“很高兴看到你的情况有所好转。”艺术家说，“你那天到底怎么了？”

“精疲力竭，”演说家吐露道，然后这位演说家摘下了他时髦的太阳镜，向他的两个学生伸出手说：“很高兴见到你们二位。”

“我也很高兴见到你，兄弟，”艺术家回答说，“你的演讲帮助我度过了一段艰难的时光。”

一个人学得越多，成就就越高

当艺术家说这些话的时候，他看到一艘双体船在远处飞驰而过，船上挤满了盛装打扮的游客。他还看到另一群被称为“船长”（capitaines）的鱼在清澈的水中悠闲地游动。演说家发现了他们，开心地笑了笑，然后继续说道：“你们一定想知道我为什么在这里。”

“没错。”企业家一边说着，一边脱下鞋子，在同伴身旁的白沙上扭动着双脚。

“嗯，从莱利先生 33 岁起，我就一直给他当顾问。所有优秀的职业运动员都有最棒的教练，所有杰出的商人也是如此。你一个人是无法成为标志性人物的。我们相遇时他刚刚起步，但那时他就明白，一个人学得越多，成就就越高。最好每天都在成长。教育确实成绩斐然。当你变得更好的时候，你就会在你生活的各个方面变得更好。我称之为“2×3×”思维模式：要想让你的收入和影响力翻倍，就要在两个核心领域（你的个人能力和你的专业能力方面）加倍投资。”

“我喜欢。”艺术家挠了挠自己松弛的肚子说。

“莱利先生很早就明白，要想成为世界级人物，就需要得到世界级的支持。这么多年来，我们成了非常好的朋友。我们一起分享巨大的快乐，比如在他的私人海滩上共进长达 5 个小时的午餐，有棕榈心沙拉、新鲜的烤虾和上好的法国葡萄酒。”

演说家把双臂举向空中。

他继续说道：“我们也一起经历过深深的悲伤，比如我的朋友在他 50 岁生日后患了癌症。他似乎拥有一个人所渴望的一切。但没有了健康，他意识到自己一无所有。这件事改变了他。健康是正常人头上的皇冠，只有生病的人才能看到不同。当我们年轻时，我们牺牲健康来换取财富；当我们变老、变聪明时，我们愿意牺牲所有的财富来换取哪怕一天的健康。我们都不想成为墓地里最富有的人。”

“嗯，听着，真的很高兴见到你们两个。我听说了你们要来。莱利先生非常兴奋地与大家分享他所承诺的关于如何达到生产力最大化、保持卓越的表现和创造一个优越的早晨例行程序。我很高兴他能把爱传递出去，并且分享我作为他的导师教给他的东西。你们会喜欢所有即将展现的见解和学习模式。凌晨 5 点俱乐部对你们来说是革命性的。我知道这听起来很奇怪和难以置信，但学习莱利即将教给你们的方法论会让你们做出巨大改变，会唤醒你们身上某些特别的东西。”

演说家戴上了他时髦的太阳镜。

“不管怎样，莱利让我告诉你们，在接下来的几天里，在这里不要拘束。你们不会经常见到我，因为我大部分时间都在潜水、航行和钓鱼。我来到毛里求斯不仅是为了指导你们即将见到的伟大而善良的灵魂，还为了重获新生和远离我们这个过于复杂的世界。我来这里是为了补充能量，没有休息会导致最后的损耗。休息和恢复对任何致力于精通的人来说都不是一种奢侈品，而是一种必需品。你的天赋会在你最快乐的时候展现出来。当我们休息、放松、充满喜悦时，我们就会得到改变世界的想法。印度洋上的这个小地方帮助我找回了最佳状态。它也是一个真正的安全圣地，拥有令人惊叹的美景和令人敬畏的美食。这里的人仍然很重视感情，仍然愿意敞开心扉。我很喜欢毛里求斯人。大多数人仍然欣赏生活中最简单的乐趣所带来的奇妙体验，比如举办家庭聚餐或者和朋友一起游泳，然后分享从购物中心购买的烤鸡晚餐，再配上一罐冰镇的凤凰啤酒。”

“凤凰啤酒？”艺术家问。

“这是毛里求斯的啤酒。我必须说，当我离开这个岛的时候，我总是变得比以前更强壮、更敏捷、更专注、更有激情。我在日常生活中真的很努力。我希望你们相信，我非常关心社会进步，并承诺尽我的一份力量来减少其中的贪婪、仇恨和冲突。来到这里让我焕然一新，让我重新认识到什么才是重要的，这样我就可以回去继续为这个世界工作了。实际上，我们都在为这个世界工作。不管怎样，你们要玩得开心，好吗？再次感谢你们来参加我的研讨会，感谢你们积极的话语。它们对于我的意义超乎你们的想象。任何人都可以成为批评家。做一个鼓励者需要勇气，做一个有影响力的领导者绝不需要成为一个无礼的人。我希望更多的领导者理解这一原则。”

“哦，还有最后一件事。”演说家一边说，一边拂去迷彩冲浪短裤上的一些沙子。

“什么？”企业家恭敬地问。

“明天早上请到海滩来。那时你们的训练就开始了。”

“当然，”企业家表示同意，“什么时候？”

“凌晨 5 点，”演说家回答道，“掌控你的早晨就能提升你的生活。”

第 8 章　凌晨 5 点法则：伟大者的晨间作息

凌晨起床是个好习惯，这将给你带来健康、财富和智慧。

——亚里士多德，古希腊哲学家

“欢迎来到凌晨 5 点俱乐部！”这位亿万富翁大喊着，随后跳下海边家中的台阶。“早上好，你们来得正是时候！守时是皇室的礼节，至少在我的剧本里是这样的。我叫斯通·莱利。”他一边说着，一边彬彬有礼地向两位客人打招呼。

莱利先生将他破旧的衣服换成了一条剪裁整齐的黑色运动短裤和一件崭新的白色 T 恤，T 恤上印着一行字：“不付诸实践，任何想法都行不通。”他光着脚，胡子被刮得干干净净，古铜色的皮肤看上去非常健康，这一切都使他看起来比在研讨会上年轻许多。他头上戴着一顶黑色的棒球帽，帽檐朝后。他的绿色眼睛仍然异常清澈，笑容无比灿烂。是的，这个人的确有一些非常特别的地方。

一只白鸽在他的头顶上空盘旋了大约十秒钟，就像被施了魔法一样，然后飞走了。这真是让人不可思议。

“如果你们不介意，让我给你们一个拥抱吧。”莱利先生热情地说，同时用他的长胳膊环绕着企业家和艺术家，没等他们回答。

“你们真有勇气。是的，你们确实有勇气，”他若有所思地说，“你们信任一个蓬头垢面的老人，一个完全陌生的人。我知道那天我看起来像个流浪汉。我只是不太在意自己的外表，只是想保持真实。这让我想起了那句老话：拥有很多钱并不会让你与众不同，它只会让你更像有钱之前的自己。”

莱利先生凝视着大海，任由晨曦洒落在他的身上。他闭上眼睛，深深地吸了一口气。接着，他从黑色短裤后面的口袋里掏出一朵花。企业家和艺术家从未见过这样的花，而且它并没有因为装在莱利先生的口袋里而受损。这令人很奇怪。

“对任何想要在工作和个人生活中创造奇迹的人来说，鲜花是非常重要的，”莱利先生一边嗅着花瓣一边说，“不管怎样，我想提一下，我的父亲是一个农民。在我们搬到南加州之前，我在一个农场长大。我们想得简单，说得简单，吃得简单，生活得简单。你可以把这个孩子带出这个国家，但你不能把这个国家从孩子的记忆中抹去。”

企业家和艺术家都对莱利先生表达了深深的谢意。他们解释说，到目前为止，他们的冒险是非凡的，并真诚地提到，这个岛和他的专属海滩比他们以前见过的任何东西都要美丽。

“理想家园，不是吗？”莱利先生戴上墨镜说，“我很幸运，我真高兴你们在这里。”

“那么，是你的父亲让你养成了日出前就起床的习惯吗？”当他们沿着水边散步时，艺术家问道。

令人惊讶的是，莱利先生开始像一个旋转的苦行僧一样旋转。他一边旋转，一边大喊：“我要把这句话刻在你房间的窗帘上：‘如果你不早起，你将一事无成！’”

“嗯，你在做什么？”企业家问。

莱利先生说：“这是查塔姆伯爵威廉·皮特的一句名言。让我来回答关于我父亲的问题：既是也不是。小时候，我每天都看着他早早起床。就像任何好的例行程序一样，他这样做了很多次，以至于他不可能不去做。但和大多数孩子一样，我抗拒爸爸让我做的事。我的内心总是有某种形式的叛逆，在某种程度上我有点像海盗。他没有不分缘由地每天和我来一场小冲突，而是让我做我想做的事。所以，我会睡觉，会迟到。”

“很酷的爸爸。”这位穿着瑜伽服的企业家说。今天早上，她随身带着她的设备，以便认真做笔记。

“是的。”莱利先生肯定地说，热情地拥抱着他的学生。他们继续沿着原始的海滩慢慢地走着。

如果你不早起，你将一事无成

莱利先生继续说：“实际上，是演说家教会了我‘凌晨 5 点法’。第一次见到他时，我还是个年轻人。我刚刚成立了我的第一家公司。我需要有人来指导我、挑战我，把我培养成一个企业家，一个成功人士，一个领导者。所有人都说他是目前为止世界上最好的高管教练。他的等候名单有三年之久。所以，我每天都给他打电话，直到他同意做我的导师。那时候他也很年轻，但他的教义具有深奥的智慧、纯粹的力量和独创的影响力，在他那个时代是非常先进的。”

“早起的习惯有帮助吗？”艺术家插嘴说。

莱利先生朝艺术家笑了笑，然后停下了脚步。

“这是一种改变并提升了其他所有行为表现的行为。研究人员现在将这种核心行为称为‘基石习惯’，它会使人们的其他常规行为模式成倍放大。将它深植大脑需要付出一些努力，需要经历一些痛苦，也需要下定最大的决心。坦白地说，在将这个早晨例行程序自动化的过程中，会遭遇心情不佳，头痛欲裂，或是只想睡觉的痛苦。但是，一旦我习惯了每天凌晨 5 点起床，生活就会变得比以往任何时候都要稳定和美好。”

“怎么会？”两个听众异口同声地大声问道。

企业家亲切地用手指碰了碰艺术家的手臂，似乎在暗示他们在这段经历中是在一起的，他们现在是一个团队。

莱利先生接着说："在这个瞬息万变、充满纷扰和繁忙日程安排的时代，凌晨5点起床并进行晨间训练是演说家教给我的对抗平庸的良策。早上不必再匆匆忙忙了！想象一下这对你一天的工作质量有多大的影响。在只有清晨才能提供的宁静中开始你的一天，让你一整天都元气满满，感觉强大、专注和自由。我发现，随着时间的推移，我变得更加专注。每一个伟大的执行者，无论是冠军运动员、顶级高管、著名建筑师还是受人尊敬的大提琴家，都已经发展出一种能力，可以长时间不间断地专注与优化他们的特定技能。在这个世界上，许多人稀释了他们的'认知带宽'，分散了他们的注意力，接受了糟糕的表现和普通的成就，过着令人失望的平庸生活，而这种能力是一种特殊因素，使他们能够产生高质量的结果。"

"我完全同意，"艺术家表示，"很少有人能在他们的艺术创作上连续几个小时保持专注。演说家在他的研讨会上将沉迷于电子设备的人称为'网络僵尸'，这是对的。"

"我同意，"莱利先生说，"如果你真想在自己的领域占据主导地位，在工作中取得胜利，那么保持高度专注正是你需要做的事情。神经科学家将这种高度专注的状态称为'心流'，在这种状态下，我们会变得更加敏锐，对初心的感知会增强，解决问题能力也达到一个全新的水平。凌晨5点起床能够极大地提高进入心流状态的可能性。在天还没亮的时候就起床，而我周围的人几乎都在睡觉——我的创造力也飙升了，精力增加了一倍，工作效率提升了三倍……"

"你是认真的吗？"企业家打断道。她无法抑制自己对这样一个想法的迷恋：简单地优化一种定制的早晨例行程序，就能如此彻底地重塑生活。

莱利先生说："当然。诚实是我从商多年来的核心信念之一。没有什么比每晚早睡更能让我保持内心的真实和纯粹。我想，这是我这个农场男孩天性的一部分。"

突然，企业家的手机屏幕上出现了一条紧急来电的提示。她低头看着屏幕念道。

只见屏幕上显示了以下赤裸裸的威胁文字："离开公司，否则你就死定了。"

这位企业家摸索着她的手机，然后她不小心把手机掉进了沙子里，很快她就喘不过气来了。

"发生了什么事？"艺术家急忙问道，感到有麻烦了。

看到朋友脸上的血色褪去，双手颤抖，他更急切、更同情地重复道："发生了什么事？"

莱利先生看起来也很担心。"你还好吗？需要喝点水或者其他什么吗？"

"我刚刚收到死亡威胁了。来自我的……投资人。他们想要我的公司。他们想把我赶出去，因为他们觉得我持有的股份太多了。他们只是告诉我，如果我不离开，他们就会杀了我。"

莱利先生立刻摘下太阳镜，把它举在空中，做了一个绕圈的动作。几秒钟后，从一片茂盛的棕榈树后面，两个戴着耳机、手拿步枪的大个子男子向海滨飞奔而去。

"老板，你没事吧？"其中个子最高的那个紧张地问。

"是的，"他向安保人员自信而平静地回答道，"但我需要你们两个立即去查看一下。"他看着企业家说："如果我为你出面没问题，我可以帮你摆平这件事。"

莱利先生喃喃自语了几句。这时，一群鸽子飞过。

“当然没问题，我会很感激你的帮助。”企业家回答道，她的声音仍然在颤抖，额头上那些皱巴巴的地方渗出了晶莹的汗珠。

“把这个交给我们吧。”莱利先生宣布。然后，他对着安保人员说话，彬彬有礼而又不失威严：“看来我的客人正被一些想要接管她的企业的暴徒骚扰着。请弄清楚他们到底想干什么，然后告诉我你们的解决方案。”

“别担心，”他对企业家说，“我的安保人员是这个行业里最好的。这不是问题。”他以一种强调每个字的方式来表达最后一句话，以达到强烈的效果。

“非常感谢。”企业家回答道，看上去如释重负。

艺术家温柔地握着她的手。

“我可以继续吗？”当太阳升上迷人的热带天空时，莱利先生问。

企业家和艺术家点了点头。

一个衣着光鲜的侍者从海滩上一间小屋里走了出来。很快，助手就端上了企业家和艺术家一生中从未喝过的最浓郁、最美味的咖啡。

“每天早上适量饮用，这是极好的认知增强剂，”莱利先生边喝边解释道，“它富含抗氧化剂，所以也能延缓衰老。在我加入凌晨5点俱乐部并践行演说家教给我的方法后，我获得了巨大的好处。它被称为‘20/20/20公式’，相信我，一旦你们学会了这个概念，并坚持不懈地应用它，你们的生产力、内心丰盛程度、工作业绩和影响力将呈指数级增长。我想不出还有什么方式能对我的成功和幸福贡献如此之大。对于我在商业生涯中所取得的成就，我非常低调。一个领导者越强大，就越不需要去宣告。”

“演说家说了一些你所取得的成就。”企业家说，她现在看起来更加放松了。

“你在研讨会上穿得那么随性绝对证实了这一点！”艺术家插嘴说，露出了一个动人的微笑，露出了几颗破碎的牙齿。

“每天凌晨5点起床的确是帮助我取得成就的主要习惯。它让我成为一个有远见的思想家，给了我一个反思的空间来培养强大的内心。这种自律帮助我变得非常健康，随之而来的是收入的增长和生活方式的改善。早起也让我成为一个相当出色的领导者。它帮助我成长为一个更优秀的人，甚至当前列腺癌试图击垮我的时候，也是我的早晨例行程序让我免受它的折磨。事实确实如此。我将在接下来的课程中讲解‘20/20/20公式’，这样你们就会清楚地知道，从你们醒来的第一刻起该怎么做才能取得惊人的成绩。你们可能不会相信即将掌握的信息的力量和价值。我真为你们两个感到高兴，欢迎来到改变人生的第一天。”

那天晚上，企业家在毛里求斯睡得比任何时候都香。

“嘿，是我。请把门打开。”

敲门声吓了企业家一跳，也吵醒了她，敲门声还在继续。她睁开眼睛，环视着昏暗的房间，意识到自己做了一场噩梦。

企业家从床上爬起来，拖着脚步走过橡木地板，打开前门。听到熟悉的声音，她知道是那位艺术家。

“我刚刚做了一个最疯狂的梦，”企业家说，“一个残忍的男人出现在这里，脖子上挂着一块塑料，里面装有我父亲的照片。他威胁说，如果不把公司交给投资人，他就用刀捅我。”

“你现在还好吗？”艺术家轻声问道。

“我会没事的。”企业家说。

“我也做了一个不寻常的梦，”艺术家解释说，“之后我就睡不着了。这让我想了很多事：我的艺术品质，信仰的深度，愚蠢的借口，愤世嫉俗的态度，我的侵略性和自我破坏性。我在分析我的日常生活，以及我将如何度过余生。嘿，你确定你没事吗？”他意识到他有点过多地谈论自己，而不是同情他那惊慌失措的同伴。

“我很好。你来了，我就感觉好多了。”

“你确定吗？”

“是的。”

“我想你了，”艺术家说，“你介意我再和你说说我的梦吗？”

“不介意。”企业家鼓励道。

艺术家说：“嗯，当我还是个小孩子，在上学时，每天我都假装自己是两个角色——巨人和海盗。一整天，我都相信自己拥有巨人般的力量和海盗般不守规矩的神气。我告诉老师我的这两个角色。在家里，我也对父母说了同样的话。我的老师嘲笑我、贬低我，告诉我要更现实一点，要表现得更像其他孩子，停止所有荒谬的梦想。”

“你父母怎么说？他们对你更好吗？”企业家问道，她现在正盘腿坐在沙发上摆出瑜伽的姿势。

艺术家说：“和我的老师一样。他们说我不是巨人，也绝对不是海盗。他们让我想起自己还是个小男孩。他们告诉我，如果我不限制我的想象力，抑制我的创造力，结束我的幻想，他们就会惩罚我。”

“随后发生了什么事？”企业家问。

艺术家说：“我做了他们让我做的事，我接受了大人的态度。我让自己变得更小，而不是更大，这样我就会是个好孩子。我压抑着自己的希望、天赋和力量，努力随波逐流，就像大多数人在他们生活中的每一天所做的那样。我开始意识到我们在多大程度上被催眠了，失去了我们的才华，忘记了我们的天赋。演说家和莱利先生说得对。”

“多告诉我一些你的梦想。”企业家催促道。

艺术家说：“我开始让自己适应这个体系。我开始成为一个追随者。

我不再相信自己像巨人一样强大，像海盗一样盛气凌人。我跟着‘羊群’走，变得和其他人一样。最终我变成了一个月光族，买我不需要的东西来讨好我不喜欢的人。这是多么可悲的生活方式啊！”

“我也有一些这样的行为，”企业家承认，“多亏了这次非常奇特但非常有用的旅行，我对自己有了更多的了解。我开始意识到我有多肤浅、有多自私，我的生活中有多少美好的东西。世界上很多人甚至无法想象我所拥有的一切幸福。”

“明白了，”艺术家说，“所以，在我的梦里，我成了一名簿记员。我结了婚，组建了自己的小家庭。我住在小区里，开着一辆好车。我的生活相当不错，有几个真正的朋友，有工作来支付我的房贷，有薪水来支付我的账单。但每天看起来都是一样的，灰色而不鲜艳，无聊而不迷人。后来，孩子们离开了家，各自过着自己的生活。我老了，精力也下降了。不幸的是，我的妻子在梦中去世了。随着年龄的增长，我的视力和听力开始衰退，记忆力变得极其糟糕。”

“听到这些，我感到很难过。”企业家说，声音里透着一股脆弱。

“当我非常老的时候，我实际上忘记了我住在哪里，记不起自己的名字，完全不知道自己在社区里是谁。但是现在我又开始记起真正的我是谁了。”

“一个巨人，一个海盗，对吗？”

“没错！”艺术家回答说，“这个梦让我明白，我不能再推迟做伟大的工作了。我不能推迟改善我的健康、我的幸福、我的自信，甚至我的爱情生活。”

“真的吗？”企业家若有所思地问道。

“真的。”艺术家回答。

然后他探身向前，吻了吻她的额头。

第 9 章　通向非凡之路

善建者不拔，善抱者不脱，子孙以祭祀不辍。修之于身，其德乃真；修之于家，其德乃余；修之于乡，其德乃长；修之于邦，其德乃丰；修之于天下，其德乃普。故以身观身，以家观家，以乡观乡，以邦观邦，以天下观天下。吾何以知天下之然哉？以此。

——老子，《道德经》

“嘿，朋友们，”莱利先生大声说，“你们很准时，像往常一样。干得好！”

当时是凌晨 5 点，虽然月亮的轮廓仍挂在天空中，但新一天黎明的光芒迎接着站在海滩上的三个人。

海风吹来夹杂着红色木槿、丁香和夜来香的香气。莱利先生指了指漂浮在海上的一个瓶子。

“瓶子里的信息，为我今天上午给你们的培训课程奠定了基调。”莱利先生高兴地说。他像个小孩子一样开始拍手。他确实是一个不寻常的、了不起的人物。

然后，他举起瓶子，拧开盖子，取出织物，织物上面缝着一张图（见图 9–1）。

“这是演说家开始指导年轻的我时分享的最简单也最实用的教学模式之一，”莱利先生用充满赞赏的语气解释道，“它将为接下来的所有教导奠定基础。所以，我真的希望你们都能深入了解。乍一看，这似乎是一个非常基本的模型，但随着时间的推移，你们会发现它有多么深奥。”

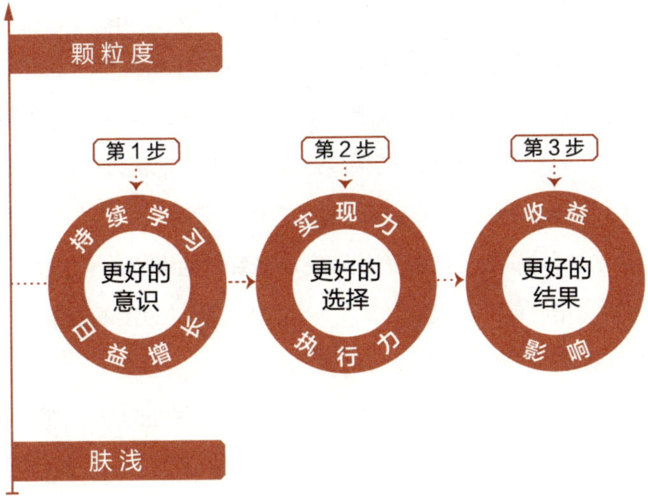

图9-1　成功的3步公式

然后莱利先生闭上眼睛，用手捂住耳朵，背诵了这些话：

转变始于认知。认知越高，转变越大。一旦你知道得更多，你就能做得更大。世界上那些伟大的人——那些创造了神奇的交响乐、优美的乐章以及科技进步的人——都是从重塑他们的认知开始的。这样他们就能够进入一个大多数人无法察觉的领域，这反过来又使他们能够做出异于常人的选择，并收获伟大的结果。

莱利先生睁开眼睛。他把食指举到唇边，仿佛沉浸在某种伟大的见解中。他聚精会神地看着缝在丝绸上的图，继续说："英雄、巨人和偶像都有常人所没有的个人特质。"

"是什么特质？"艺术家问道，他穿着一件滑稽的肌肉衫和一件速比涛（Speedo）泳衣。

"严谨，"莱利先生答道，"世界上的好东西都有深度。大多数人在工作中经常陷入肤浅的思维模式。他们的整个方法很简单。没有真正的准备，很少思考，然后为预期的结果设定一个崇高的愿景，并耐心地考虑执行的顺序，以产生一个令人敬畏的结果。95%的人不会把精力投入到微小的细节上，也不会像大师那样对微小的细节进行精雕细琢。对大多数人来说，这是一条阻力最小的道路。他们快速完成需要做的事情，不求甚解，不求上进。少数杰出的创造性成就者却在一种完全不同的思维下运作。"

"告诉我。"艺术家好奇地请求道。

"他们采用一种'颗粒度'思维，而不是一种肤浅的思维模式。他们完全明白，他们的创造性产出——无论他们是砖瓦匠还是面包师、首席执行官还是奶农、宇航员还是收银员——都代表了他们的声誉。在任何努力中，优秀者都会欣赏这样一个事实，即你的好名声被烙印在你发布的每一件作品上。他们明白，你无法用金钱来衡量人们对你的评价。"

"颗粒度"思维与终生价值

莱利先生擦了擦瓶子，然后他举起它，透过它看了看几近消失的月亮，继续他的分享。

"这比社会认可更深刻，"他表示，"你奉献给这个世界的工作水平反映了你对自己的尊重程度。那些高自尊的人不敢发布平庸的东西，这会大大削弱他们的影响力。"

"如果想在你的领域领先，"他继续说道，"就要成为一个有深度的人。努力做一个与众不同的人，而不是像有些人那样胆小怕事，过着邋遢而不是辉煌的生活，过着衍生而不是原创的生活。"

"博大精深。"艺术家补充道。

"在工作中，大师都非常深思熟虑。他们精确地思考自己正在做的事情。他们以最高的标准工作，挥洒着汗水，就像雕塑家济安·劳伦佐·贝尼尼在雕刻四河喷泉（Fontana dei Quattro Fiumi）时所做的那样，他的这件杰作壮丽地坐落在罗马纳沃纳广场的中心。这些创作者一丝不苟，工艺近乎完美。虽然这听起来很明显，但他们真的超级在乎。”

“可是现在人们有很多事情要做，”企业家插嘴说，“现在不是 17 世纪了。我的电子邮箱的收件箱满了，我的日程排得满满的，我大部分时间都有一个接一个的会议，我需要做推销，我觉得我永远跟不上生活节奏。追求精通并非易事。”

“我明白，”莱利先生亲切地回答，“但少即是多，过犹不及。天才懂得创造一件杰作要比创造一千件普通作品重要得多。我喜欢在伟大的艺术家周围的原因之一是，他们的信仰体系、情感灵感和工作方式影响着我。我可以十分肯定地告诉你，这些史诗级的表演者所生活的世界与今天商界和社会中的大多数人所生活的完全不同。”

就在这时，一只色彩鲜艳的蝴蝶停在莱利先生的左耳尖上。他笑着说：“嘿，小家伙，很高兴再次见到你。”他接着补充道：“当你解构那些超级明星、艺术大师和天才如何取得成就时，你会发现，正是他们对日常成就机会的高度关注，激励着他们做出更好的日常选择，从而获得更好的日常成果。”

莱利先生指着这个学习模型继续说道：“这就是自我教育的力量。当你意识到新想法时，你就会成长为一个创作者和一个真正的人。随着你个人和职业发展的升级，你围绕雄心壮志实施和执行的水平也会提高。当然，随着你将梦想和愿景变为现实的能力的提高，你将获得更高的收入和更大的影响力。”他一边说，一边用手指敲了敲图的第三步。“这就是为什么同意和我一起参加这个培训是如此明智的举动，也是这张图旨在教给你们的东西。”

莱利先生挠了挠自己瘦削的腹肌，深深地吸了一口海洋上的空气。

“因为这些杰出的人看待世界的方式，因为他们在手艺上的表现，也因为他们在生活中表现得与大众的行为方式截然不同，所以他们被称为怪人。但他们并不是！”莱利先生兴奋地喊道。

“他们只是发挥了更高的水平，他们所做的一切都是严谨的，他们会花费数周、数月甚至数年的时间来完成最后的完美修饰。当他们感到孤独、害怕或无聊时，他们强迫自己坚持工作。当他们被误解、嘲笑甚至攻击时，他们坚持把自己英雄般的梦想转化为现实。天啊，我真羡慕这世上的天才。”

“一个社会离真相越远，它就越仇恨那些说出真相的人。”艺术家简洁地说。

企业家看着他，开始摆弄手腕上的手镯。

“这是乔治·奥威尔说的。另外‘当你在周围创造美好时，你就是在重塑自己的灵魂，’”艺术家继续说道，“爱丽丝·沃克说的。”

莱利先生解释说：“大师的生产方式在普通人看来是一种‘强迫症’。但引人注目的现实是，95% 的表演者所说的是围绕一个重要项目的‘挑剔行为’，前 5% 的创作者所知道的只是世界级的入场费。此刻，再看看这块丝绸上呈现的模型，这样我们就可以更精确地理解它。”

“今天大多数人确实被困在肤浅中，”莱利先生接着说，“包括对他们崛起力量的肤浅了解，对他们潜力的肤浅了解，对掌控力的神经生物学的肤浅了解，对世界建设者的日常生活的肤浅了解，以及他们希望在余生中优先考虑的野心。他们都陷入模糊、不精确的思维中，由此产生模糊、不精确的结果。”他一边说一边从海滩上捡起一根棍子，指着图上的“颗粒度”这个词。

“传奇人物是与众不同的。他们明白，业余水平的认知永远不会带来最高等级的专业成果。我再举一个例子，希望能让你们明白这一点。我是一级方程式赛车的超级粉丝。最近我受邀去维修区和我最喜欢的球队一起玩。他们对微小细节的关注，他们对展示极致卓越的奉献精神，以及他们不惜一切代价把事情做得伟大的意愿，不仅令人信服，而且非常鼓舞人心。同样，对普通人来说，需要对微小细节进行持续关注，以及认识到在他们的工作和个人生活中采取极其严格的方法的重要性，这些建议似乎很奇怪。但是 F1 车队的工作人员，他们对赛车的完美校准，他们在进站时的超人速度，甚至他们在赛车呼啸而去后用工业真空吸尘器清理维修区的方式，以至于任何地方都没有一丝污垢，这都是非常了不起的。这就是我的观点：前 5% 的人更注重采用颗粒度思维，而不是将肤浅的思维模式应用到他们的日常态度、行为和活动中。”

“在赛车离开后，他们真的在这些细微的地方挥汗如雨，把维修区的污垢都清理干净了吗？”艺术家好奇地问。

“是的，”莱利先生说，“他们用吸尘器清扫了整个海湾。当我问他们为什么这么做时，他们告诉我，哪怕是一丁点儿泥沙进入赛车的引擎，都可能使他们失去一场胜利。甚至更糟的是，它可能是致命的。事实上，任何一个团队成员的小失误都可能导致一场悲剧。比如一个粗心的组员留下的一个松动的螺丝钉可能会导致一场灾难，一个心不在焉的同事遗漏了清单上的一个项目可能会导致一场灾难。或者一个队友在进站前把宝贵的注意力放在了玩手机上，而忽视了一个缺失的测量值，也可能会让他失去一场胜利。”

企业家承认：“我开始同意你的观点，你所说的方法很重要。现在很少有商界人士以及像艺术、科学和体育等领域的人会这样思考和行事了。我想，这曾经是很正常的。对我们所做的事情有深刻的认识，用一种吃苦耐劳的方法使我们的工作变得完美。改进细节，汗流浃背，精确地生产，而不是不专业和粗心。我们要对我们的手艺感到无比自豪。”

“我必须给予应得的赞扬，”莱利先生谦逊地说，“这种语言和模式是演说家教给我的。当涉及精通时，小事很重要。据说，令许多人心碎的挑战者号航天飞机的灾难是由一个O形密封圈的故障引起的，一些专家认为这个密封圈的价值仅为70美分。一个可怕的灾难是由一个看似无关紧要的细节上的缺陷造成的。”

“这一切让我想起了荷兰天才艺术家维米尔，”艺术家补充道，“他是一个追求高质量作品的画家。他尝试了不同的技术，让自然光以一种让他的艺术创作看起来是三维的方式落下。他的创作是如此有深度。他的每一笔都很有吸引力，每一个动作都很优雅。所以，我也同意：一般的艺术家对他们的绘画持有一种不耐烦的态度。他们更关注现金而不是手艺，更关注名声而不是技巧。我想，正因如此，他们从来没有建立起更高的意识和敏锐度，以帮助他们做出更好的选择，从而获得更好的结果，使他们成为所在领域的传奇。我开始意识到这个简单的模型有多强大。”

莱利先生说道：“我喜欢维米尔的《读信的蓝衣女人》，当然还有《戴珍珠耳环的少女》。”他强调了自己欣赏伟大艺术的事实。

“我喜欢你和我们分享的这种见解。”企业家睁大眼睛说道。然后她抓住了艺术家的手。莱利先生眨了眨眼睛。

“我就知道会这样。”看到他们越来越浪漫的关系，莱利先生喃喃自语道，显然很高兴。他又闭上了眼睛。那只蝴蝶仍然在这位古怪的亿万富翁的耳边飞舞。当它拍打着色彩奇异的翅膀时，莱利先生说出了伟大诗人鲁米的话：

如果你是一个真正的人，就为爱赌上一切。如果你不是，就请你离开这个聚会。三心二意不能成就威严。

“我能问你一个问题吗？”企业家想知道。

“当然。”莱利先生回答说。

“这种严谨和细化的哲学在个人关系中发挥的作用如何？”

“不太好，”莱利先生坦率地回答，“演说家教我一个叫作‘天才的阴暗面’的概念。从根本上说，人类的每一种天赋都有缺点。让你在一个领域显得特别的品质，也会让你在另一个领域显得格格不入。现实情况是，有很多大师都有混乱的私生活。看到别人看不到的愿景，以绝对的最高标准要求自己，在长时间内满足于独自工作，偏执地详细描述项目中微小的细节，坚持不懈地完成他们的杰作，表现出罕见的自律性，倾听他们的心声而忽视他们的批评者，这些都让人际关系变得困难。他们被误解了，被视为‘麻烦’‘与众不同’‘死板’和‘失衡’。”

然后，莱利先生倒在沙滩上，他盯着一只从他海边住宅的屋顶上掠过的白鸽，做了20个立卧撑。之后继续说道：“许多关于创造力、生产力和世界级表现的传奇故事都失去了平衡，他们是完美主义者、特立独行者和狂热者。这是‘天才的阴暗面’，我只是告诉你们真相。”莱利先生一边喝着瓶身上面带有密集小字的瓶装水，一边说道。如果你仔细观察，你会看到以下内容：

马其顿国王腓力在给斯巴达的信中说：“建议你们立即投降，因为如果我率领我的军队踏上你们的土地，我将摧毁你们的农场，屠杀你们的人民，夷平你们的城市。”

斯巴达人的回应是：“打了再说。”

“如果你的天赋有缺点，并不意味着你不应该表现出来！”莱利先生精力充沛地阐述道，“你只需要意识到它们会在你的个人生活中给你带来什么麻烦，然后做好应对。这让我很好地回到了今天早上的学习模式，它为你了解凌晨5点俱乐部的改革性价值以及如何将它变为一种持久的习惯奠定了基础。”

莱利先生弯下腰，拿起一根被海浪冲刷的棍子放在了那块丝绸上。

“请永远记住精英表现的核心准则，这张让你取得伟大成就的图是围绕着该准则建立的：有了更好的日常意识，你就能做出更好的日常选择，而有了更好的日常选择，你就会看到更好的日常结果。演说家称之为‘成功的3步公式’。比如，如果你能更好地意识到自己天生就有能力成就大事，或者把‘凌晨5点法’融入你的日常生活中，你的生产力就会提高，你就会从目前旨在主导地球的肤浅社群上升到颗粒度社群。这种高度的洞察力和意识将优化你的日常决策。而且从逻辑上讲，一旦你做出正确的日常选择，你的领导力、成就和影响力就会大大提升。因为是你所做的决策决定了你的结果。”

莱利先生继续说道：“在我们的一次培训课程中，我和‘演说家’在瑞士的卢塞恩见面。这座美丽的城市坐落在美丽的湖面上，四周群山环绕，宛如一个童话般的地方。不管怎样，有一天早上，他点了一壶热水和一些柠檬角，这样他就可以喝到他大多数早晨都喜欢喝的新鲜柠檬茶了。事情是这样的……”

“这应该很有趣。”艺术家打断了他的话，他的一只手臂上有一个文身，上面是安迪·沃霍尔（Andy Warhol）的一句名言：“我从不认为人会死，他们只是去了百货商店。”

“托盘上来了，”莱利先生继续说道，“完美的银器，精美的瓷器。一切都按照最高标准进行校准。而且要明白：无论是谁在厨房里切柠檬，都要付出加倍的努力——从柠檬楔子中切出柠檬籽——从而锻炼出切柠檬所必需的精湛工艺。很惊人，对吧？”

莱利先生开始跳起他在研讨会中心跳的那种古怪的舞蹈，然后他停了下来。企业家和艺术家摇了摇头。

“在一个如此肤浅、表演者如此冷漠的世界里，对细节的关注是相当罕见的。”企业家说，假装没有被莱利先生的舞蹈分心。

莱利先生说：“演说家将当今商业中普遍存在的现象称为‘商业的集体去职业化’。那些本该工作、‘取悦’客户、展示非凡技能、为公司带来巨大的价值、实现自己和公司双赢的人，却在手机上刷无聊的视频、在网上购物或浏览社交信息。我从未见过有人对工作如此漫不经心，如此心力交瘁，也从未见过有人犯这么多错误。”

莱利先生把棍子指向了“成功的3步公式”。

“放弃柠檬楔子是一个很好的比喻，可以挑战你不断地从肤浅到颗粒度的转变。在你的工作和个人生活中，你都要保持真正的严谨性。真正的深度与你的思维方式、行为方式和交付方式有关。健康的完美主义，以及不屈不挠地追求成为最好的自己，这就是我在这片美丽的海滩上向你们这两位优秀的人提出的建议。这将给你们带来演说家所说的‘GCA’，即巨大的竞争优势。如今，要在商业领域拥有这项运动从来都不是一件容易的事，因为很少有选手能够达到行业顶尖水准。精通是很罕见的，能发挥出色的人更罕见。所以，如果你按照我鼓励你的方式来，这个领域就是你的了！这是一个很有说服力的见解：在普通领域竞争激烈，但在非凡领域几乎没有竞争。我们从未有过如此迷人的机会成为举世无双的人，因为在这样一个容易分心、价值观被侵蚀、对自己的信心以及自己固有的原始力量都在退化的时代，很少有人致力于世界级的事业。你有多少次在商店或餐馆遇到这样的人，他们全神贯注、彬彬有礼、知识渊博、热情满满、工作勤奋、想象力丰富、创造力显著，并且在他们所做的事情上表现出色？几乎没有，对吧？”

“是的，”企业家承认，“我必须采访成千上万的人，才能找到这样的宝藏人士。”

“所以，你们这些家伙有一个 GCA！真幸运，”莱利先生喊道，“你们几乎可以主宰你们的领域，因为现在像这样的人很少。提高你们的承诺，提高你们的标准，然后开始将这种行为方式作为你们的默认模式。这一点非常重要：你们必须每天优化自己。一致性真的是精通的 DNA。每天看似微不足道的小改进，只要持续一段时间，就会产生惊人的结果。请记住，伟大的公司和美好的生活是通过逐步的进化实现的。从长远来看，每天看似微不足道的胜利和迭代会累积成惊人的结果。”

“所有这些信息都很棒。而且对我的艺术很有价值。”艺术家一边穿上衬衫，一边感激地说。

“很高兴听到这些，”莱利先生承认道，“我知道你们在很短的时间内学到了很多东西。我知道早起是你们正在学习的一项新技能，而你们所听到的关于追求卓越、远离人群、放弃平庸和放弃平凡的一切都可能会让你们觉得难以接受。所以，请深呼吸，放松。例外论是一段旅程。技艺精湛是一次航行。罗马不是一天建成的，对吧？”

“对。”艺术家表示赞同。

“当然。”企业家也同意。

“我也知道，凭借你们的优势和人类至高无上的天赋进入更纯粹的领域是一个令人不安和恐惧的过程。我已经经历过了，回报也在路上。只要你们坚持学习‘凌晨 5 点法’，你们将比自己所拥有的任何金钱、名誉和世俗权力都更有价值。我今天教给你们的是这个系统的一个必要组成部分，让你们在黎明前醒来，让你们自己做好准备，成为一个精英成就者和闪闪发光的人。我们将在接下来的课程中更深入地讨论。我想我真正想说的是，在今天早上让你们走之前，你们可以去找点乐子，虽然作为一个创作者的自我成长可能是艰难的，但它是人类进步所必需的。要牢记，心跳最快的时候是你们最活跃的时候，恐惧尖叫得最大声的时候是你们最清醒的时候。”

“所以，我们需要继续前进，对吗？”当微风吹过她棕色的头发时，这位企业家肯定地说。

“当然，”莱利先生说，“所有不安全感的阴影都消融在坚持不懈的温暖光芒中。好吧，最后一个例子，在你的职业和家庭生活中采取严格的方法，通过在重要项目、基本技能和有意义的活动中全力以赴来获得GCA。之后，我希望你们两个去游泳、浮潜和晒日光浴。你们应该看看我的团队为你们准备的丰盛午餐！我要去路易港开会，但我真心希望你们别拘束。所以……”

莱利先生停顿了一下，俯下身四次触摸自己的脚趾，嘴里念叨着下面的箴言：“今天是光荣的一天，我将以无限的热情和无限的正直，忠实于我的理想，满怀爱意地过好每一天。”

“我记得读过一篇文章，”莱利先生接着说，“意大利时装公司Moncler的首席执行官被问到他最喜欢的食物是什么。他回答说，番茄意面。然后他分享说，虽然这道菜看起来制作非常简单，因为它只需要意大利面、新鲜番茄、橄榄油和罗勒，但要正确地进行‘校准’，需要不寻常的专业知识和熟练程度。当我们加强我们的一流比赛，提升我们的表现，加快我们对世界的贡献时，我们都应该牢记这个重要的词：校准。倾注最完美的态度，完善最微小的细节，这就是生活的全部意义。”

这位古怪的大人物把瓶子里的那块丝绸放进他的短裤口袋里，接着就消失了。

第 10 章　创造历史的四个聚焦点

大自然赋予我们的生命是短暂的，但对美好人生的记忆是永恒的。

——西塞罗，古罗马哲学家

阳光灿烂，企业家和艺术家手牵手沿着海岸散步，在第二天早上指导课的指定见面地点与莱利先生见面。

他们到达时，莱利先生已经在那里了。他正坐在沙滩上，闭着眼睛沉思。

莱利先生向天空举起手，展示出世界通用的胜利标志，接着他给两个学生每人发了一张纸。

当时正好是凌晨 5 点。

然后，莱利先生捡起一个贝壳，向水面抛去。

“你还好吗？”企业家一边问，一边摸了摸手镯，手镯上刻有“直冲云霄，起床和磨炼，我死了才会睡觉”。

莱利先生读着手镯上的字。他把一根手指放在嘴唇上。

“你死的时候谁会哭？”他问道。

“什么？”艺术家叫道。

“一旦你不在了，那些认识你的人会怎么议论你的生活呢？”莱利先生以熟练演员的方式阐述了这个问题，“你活着，仿佛你注定要长生不老，你的脑海里从来没有想过你的脆弱，也没有注意到已经过去了多少时间。你浪费时间，尽管你给予某人或某事的那一天也许是你的最后一天。”

“这就是你的想法吗？太棒了。”艺术家说。

莱利先生看上去有点尴尬。“我希望如此！不，它们属于斯多葛学派哲学家塞涅卡，出自他的专著《论生命之短暂》。”

“那么，我们为什么要在这个美丽的早晨谈论死亡呢？”企业家问道，看起来有点不自在。

“因为我们大多数人都希望有更多的时间，然而我们浪费了我们所拥有的时间。思考死亡会让我们更清晰地关注到最重要的事情。你将不再允许数字干扰和网络骚扰偷走你生命中不可替代的时间。你的日子一去不复返了，是吗？”莱利先生友好而坚定地说，“昨天在城里开会后，我重读了《追逐日光》。这是一个真实的故事，主人公是位高权重的首席执行官尤金·奥凯利，当他的医生发现他有三个脑瘤时，告知他只剩下几个月的生命了。”

“那么，他做了什么？”艺术家轻声问道。

“他把自己最后的日子安排得井然有序，就像他经营自己的商业生涯一样。奥凯利试图弥补他错过的学校音乐会、家庭郊游和遗忘的朋友。在书中，他分享了自己是如何邀请一个朋友到大自然中散步的，‘有时这不仅是我们最后一次一起悠闲地散步，也是第一次’。”

“悲哀。”这位企业家一边紧张地摆弄着手镯，一边说。她额头上的皱纹又出现了。

“昨晚我看了《潜水钟与蝴蝶》，这是我最喜欢的电影之一，”莱利先生继续说道，“这也是一个真实的故事，讲述的是一个同样站在世界顶端的人物，法国 *Elle* 杂志的主编让－多米尼克·鲍比。他拥有这一切，但后来他得了中风，除了左眼睑外，全身肌肉都无法活动。这种情况被称为‘闭锁综合征’。他的头脑仍然运转得很好，但他的身体好像被包裹在一个潜水钟里。”

“悲哀。”艺术家附和着他的同伴说。

“听着，”莱利先生补充道，“他的康复治疗师教给他一种叫作‘无声字母表’的交流方法，这种方法可以让他通过眨眼来组成单词的字母。在他们的帮助下，他写了一本关于他的经历和生命意义的书。他眨了20万次眼睛，终于完成了这本书。”

“我没什么可抱怨的。”企业家平静地说。

“他在这本书出版后不久就去世了，”莱利先生继续说道，“但我想说的是，生命是超级脆弱的。有些人今天一觉醒来，洗个澡，穿上衣服，喝杯咖啡，吃点燕麦粥，然后在去办公室的路上死于一场车祸。生活就是这样。所以，我给你们两个特别的人的建议是，不要推迟去做任何可以展现你们天赋的事情。以自己感觉真实的方式生活，关注每天带来的小奇迹。”

“我明白你的意思。”艺术家一边扯着一头脏辫，一边摆弄着他为今天早上的教练课特意戴的巴拿马帽。

“我也是。”企业家严肃地说。

“享受每一个三明治。”艺术家补充道。

“非常明智的见解。”莱利先生说。

“这不是我说的，”艺术家不好意思地回答，“这是词曲作家沃伦·泽冯的歌词。他是在发现自己病入膏肓后说出这些话的。”

“感激每一刻。在谈到你的雄心壮志时不要胆怯。不要把时间浪费在琐碎的事情上。首先要找回你内心蕴藏的创造力、激情和潜能，这样做非常重要。你认为柏拉图为什么鼓励我们‘认识你自己’？他深知我们拥有巨大的潜能，为了让我们过上充满活力、快乐、平静和有意义的生活，我们必须利用并运用这些潜能。如果忽视我们内心隐藏的这种力量，就会滋生潜能未被利用时的痛苦、无所畏惧时的挫败感以及掌控力未被探索时的冷漠。”

一个风筝冲浪者呼啸而过，一群皇冠松鼠鱼在清澈的水中游来游去。“这很好地引出了我今天早上想向你们介绍的内容。请仔细看看你们的那张纸。”莱利先生说。

这是两个学生看到的学习模式（见图 10-1）：

图 10-1　创造历史的四个聚焦点

资本化智商，利用好你的天赋

这是创造历史的第一个聚焦点。莱利先生解释了由著名心理学家詹姆斯·弗林提出的资本化概念。他所设想的有价值的见解是，使一个充满传奇的演员如此优秀的不是他们与生俱来的天赋有多少，而是他们实现并利用潜力的程度。“世界上许多优秀的运动员，”他说，“他们的先天技能不如他们的竞争对手。但正是他们非凡的奉献精神、承诺和努力，将他们所拥有的一切力量发挥到极致，才使他们成了标志性人物。”

莱利先生一边心不在焉地揉了揉自己的腹肌，一边戴上一副新太阳镜，同时宣称："这是一种古老的'不是狗在打架时的体形大小，而是狗在打架中的凶猛程度'的洞察力，就像你在南加州冲浪者身上看到的那种。

"演说家很早就告诉我，通过加入凌晨5点俱乐部，我每天早上都有一个极好的机会来挖掘我的潜能，为自己留出一些时间做必要的准备，让每一天都变成一颗小小的宝石。他让我明白，成功人士会很好地利用早晨，如果在天亮前起床，我就会赢得初步的胜利，为成功的一天做好准备。"

"我似乎从来没有什么'自我时间'，"企业家插嘴说，"我的日程总是排得满满的。我很想在早上有一段时间来给自己充电——做一些能让我变得更快乐、更优秀的事情。"

"没错，"莱利先生说，"我们很多人都过着时间匮乏的生活。我们绝对需要在早上至少有一个小时来补充能量、成长，并成为更健康、更平和的人。凌晨5点起床，然后运行'20/20/20公式'，你很快就会知道这将让你的一天有一个非凡的开始。你将能够专注于高价值的活动，而不是让你的日子控制你。你会体验到从未有过的能量，你重新获得的快乐会让你大吃一惊，你的个人自由感将会大增。"

然后，莱利先生转过身，展示了他肌肉发达的背部上的一个一次性文身。上面引用了法国哲学家阿尔贝·加缪（Albert Camus）的一句话："应对一个不自由的世界的唯一方法是变得绝对自由，以至于你的存在本身就是一种反抗。"

在这些文字下面，在这位实业家的背上，有一幅凤凰涅槃的图（见左图）。

"我非常需要这个，"企业家说，"我知道，如果我每天早上在一切变得忙碌之前有一些私人时间，我的效率、感恩之心和情绪都会有很大的改善。”

“我也是，”艺术家说，“每天早上给自己一个小时来反思和准备，将会改变我的艺术和生活。”

“演说家很早就告诉我，在他所谓的‘胜利时刻’里，投资一个小时来发展最好的自我和最伟大的技能，将改变我今后的生活方式，无论是在心理上、身体上还是精神上。他保证这会给我带来我们昨天讨论过的那种巨大的竞争优势，最终形成一个充满创造力、财富、欢乐和对人类有益的帝国。我得说他是完全正确的。”

莱利先生轻快地说，“回到资本化的概念，以及聪明地利用你被赋予的任何原始天赋的重要性上。”莱利先生说道，他的农场男孩风度显露了出来。

“每一天，奉献和自律都胜过才华和天赋。每当你抵制诱惑并追求最优化时，你就会激发你的英雄主义。你每做一件你认为正确的事，你就更容易进入史诗成就者的名人堂。”

“正如我之前提到的，很多关于成功人士的最新研究证实，我们关于自己潜力的个人描述是衡量我们是否真正开发了这种潜力的关键指标。”

“你是什么意思？”企业家问道，她停止在自己的设备上做笔记，注视着莱利先生的眼睛。莱利先生现在穿上了一件紧身T恤，上面写着：“受害者有大电视，领导者拥有大型图书馆。”

“好吧，如果你总是认为你不具备成为出色的商业领袖或行业知名专家所需要的条件，那么你甚至都不会开始实现这一目标的冒险，不是吗？世界一流是一个过程，而不是一个事件。如果你运行一个自我设限的程序，即‘普通人不可能变得伟大’或‘天才是天生的，不是后天培养的’，那么你会认为学习、实践和按照自己内心的愿望安排时间完全是浪费时间。如果在你的信仰体系下，你认为像你这样的人不可能取得大师级别的成绩，那么投入那么多的精力和时间以及做出那么大的牺牲又有什么意义呢？然后，因为你的日常行为总是受到你内心深处信念的影响，你无法实现胜利的看法就变成了现实，”莱利先生说，“人类的行为总是与自我认知相一致，你永远无法超越你的个人经历，这是很重要的见解。”

然后莱利先生又喃喃地说了以下箴言：

“我很感激，我很宽容，我在奉献。我的生活是美丽的、富有创造力的、富有成效的、繁荣的和神奇的。”

接着他继续讨论关于资本化的问题。

“那些积极心理学家把我们接受关于我们是谁、我们能实现什么样的故事，然后将以某种方式让幻想成真的方式称为‘自我实现预言’。我们潜意识地采用了一种思维模式，这种思维模式是我们小时候从对我们影响最大的人那里习得的，比如我们的父母、老师和朋友，然后我们按照这种思维模式行动。由于我们所做的创造了我们所看到的结果，因而这个普遍错误的个人故事就变成了我们自己活出的现实。很神奇，对吧？但这就是我们大多数人度过人生最美好时光的方式。世界就像一面镜子。我们从生活中得到的不是我们想要的，而是我们本来的样子。”

“我想，我们越是接受这样一个核心信念，即无论我们希望做什么，我们都不可能取得优异的成绩，我们就越能强化它，使它成为一种值得信赖的信念，同时加深了与之相关的行为，使之成为一种日常习惯。”艺术家背诵道，在清晨纯净的空气中，他的声音听起来像个教授，而不是波希米亚人。

“说得太妙了！”莱利先生兴奋地回答道，“我喜欢‘值得信赖的信念’这个想法，这很好。如果你今天见到演说家，你应该和他分享这句话。我想他是出去钓鱼了，不过据我对他的了解，他早上晚些时候会在这片海滩上晒太阳。”

莱利先生继续说道：“每个人都有一种追求伟大的本能，一种对英雄气概的渴望，一种尽自己的最大努力向上攀爬的精神需求，不管我们是否有意识地记住了这一点。我们中的很多人都被我们周围的黑暗和负面影响贬低了，我们已经忘记了真正的自己。我们已经成为妥协的大师，慢慢地、稳步地接纳更多平庸的东西，直到达到我们的标准操作系统。真正的领导者从不就自己的标准讨价还价，他们知道总有改进的空间。他们明白，当他们达到最佳状态时，他们与自己至高无上的本性联系得最紧密。亚历山大大帝曾经说过，一只狮子率领的羊群，可以打败一只羊率领的狮群。”

莱利先生深吸了一口气。

“需要提醒你们的是，”他继续说道，“我们每个人都有很强的领导力。如你们所知，我所说的领导力不是指拥有头衔、崇高的职位或需要某种正式的权威，而是比这更有分量的东西。这是人类内心真正的力量，而不是一间大办公室、一辆跑车和一大笔银行存款所带来的短暂力量。我所说的是工作的潜力，它非常强大。这是一种在你的市场中创造巨大价值的能力，一种影响乃至颠覆整个行业的能力，以及带着荣誉、高贵、无畏和正直生活的力量，这样你就有机会以自己独特的方式创造历史。不管你是 CEO 还是看门人，亿万富翁还是矿工，电影明星还是普通学生。如果你活在今天，你就有能力在没有头衔的情况下领导世界，并在这个世界上留下你的印记，即使你目前因为认知有限而不相信你能做到。你的感知并不是现实，而是你当前对现实的看法，请记住这一点。它只是你在向世界级大师看齐的这一刻，碰巧用来观察现实的镜头。这让我想起了德国哲学家亚瑟·叔本华的话：‘大多数人把自己视野的极限当作世界的极限，少数人则不然。加入他们吧。'”

“所以，现实和我们对现实的看法之间有很大区别，对吧？”企业家问道，“按照你的说法，我们似乎是通过由我们自己编排的过滤器来看待世界的。我们如此频繁地运行这个程序，以至于我们被洗脑了，相信我们看待世界的方式是真实的，对吧？你让我开始重新思考我现在看待一切的方式。”她承认道，额头上的皮肤皱成一团。

“我有很多疑问，”她继续说，“我当初为什么要创业？为什么社会地位对我如此重要？为什么我有如此强烈的欲望去最时髦的餐厅吃饭，住在最好的社区，开最时髦的车？我认为，我对公司被收购的企图感到如此沮丧的部分原因是，我从一个创始人变成了普通人。坦白地说，我一直忙于我的事业，没有停下来真正思考事情——有目的的生活。运用你昨天教我们的成功的3步公式，当我每天对自己和我的行为有更好的认识时，我就会做出更好的日常选择，收获更好的结果。”

这位企业家的领悟力势不可当。

“我不知道自己真正的价值观是什么，不知道我作为一个领导者想要表达什么，不知道我为什么要建设我正在建设的东西，不知道什么能真正让我快乐，不知道当我离开这里时希望别人怎样记得我。CEO和编辑的故事深深触动了我，生命真的非常脆弱。而且既然我这么坦率地说了，我想我已经花了很长时间去追逐错误的东西。在我的职业生涯和私人生活中，我被困在复杂的噪声中，而不是听到那些高价值的信息。我经常想起过去，想起我的童年经历。我没有时间交朋友，没有真正的激情。我从来没有看过日出，从来没有遇到过真爱，”企业家一边说，一边焦急地摩挲着手镯，然后向艺术家望去，“直到现在。”

艺术家听得热泪盈眶。“宇宙中有数万亿颗行星，”他说，“地球上有数十亿人，而我很幸运能遇到你。”

企业家笑了笑，然后温和地说：“我希望永远不要失去你。”

“别对自己太苛刻了，”莱利先生插嘴说，“我们都有自己的路要走，明白我的意思吗？我们都在我们需要去的地方，接受我们应该学习的成长课程。问题会一直存在，直到你经历过并汲取经验。我确实同意你的观点，人类有一个可悲的习惯，那就是记住那些聪明人会忘记的糟糕的事情，忘记那些聪明人会记住的美好的事情。不管怎样，我真的理解你。请相信你脑中最高尚、最睿智的思维正在引导着你。在这条通往传奇和创造重要人生的道路上，没有任何意外。而且如果你问我，我会告诉你，拥有豪宅、豪车和大量金钱并没有什么错。我们是充满智慧的高等动物，拥有大量金钱是我们的生活所需要的。金钱可以让你为自己和你关心的人做出非凡的事情，还为你提供了帮助那些需要帮助的人的机会。”

一名游客在一艘快艇后面滑水疾驰而过，他开心地大笑着。

“我告诉你们一个小秘密，”莱利先生继续说，“我已经捐出了我的大部分流动资产。是的，我还有飞机、苏黎世的公寓和海边的房子。尽管我的商业利益仍然价值不菲，足以让我成为莱利先生，但我并不需要这些，我对这一切都不感兴趣。”

艺术家继续说道：“不管怎样，我明白你教给我们的关于资本化和自我实现预言的知识。没有人相信我们有能力做伟大的事情，直到我们首先相信自己的伟大，然后投入真诚和最大努力来实现它。你知道毕加索曾经说过什么吗？”

“请告诉我们。”企业家恳求道，她的姿态表明她在这一刻非常开放。

“毕加索说：‘我的母亲对我说，如果你是士兵，你就会成为将军。如果你是修道士，你就会成为教皇。我是画家，我成为毕加索。’”

“太厉害了，”莱利先生评论道，“这就是对一个人潜力的信心。”

莱利先生用拳头摩挲着晒得黝黑的下巴，低头看了一会儿白色的沙子。

“而且不只是我们的父母要对这些有限的程序负责，很多人在他们美好的日子里都在实践这些程序。很多好心但不知情的老师强化了这样一种观念：艺术、科学、体育和人文领域的英雄人物都是‘特殊的’，我们需要接受这样一个事实，即我们是‘普通的’，无法创造出令人惊叹的卓越作品，无法打造无与伦比的人生。此外，我们与朋友交往以及与媒体无情的信息传递都支持同样的‘事实’。从本质上说，这一切都变成了一种持续的催眠，在无意识间影响我们，使我们心中曾经熊熊燃烧的天才之火变得越来越暗淡，使充满激情的声音变得安静了。我们低估了自己的能力，开始了一个漫长的过程，在我们的力量面前玩小把戏，压抑我们的力量。我们不再像领导者、创造性生产者和可能主义者那样行事，而是开始扮演受害者的角色。”

“对这么多优秀之人的遭遇感到失望。事实上，我们大多数人看不到这种洗脑对我们的影响。”企业家说。

“是的，”莱利先生回答说，“更糟糕的是，潜在的未表达的压力变成了痛苦。”

“你这话是什么意思？”艺术家想了想，把目光移开，有点紧张地改变着姿势。他心想：“也许我是在破坏艺术创作，因为我太长时间没有利用自己的潜力，以至于内心深处受到了伤害。”

“好吧，我们的自我知道真相：我们天生就有能力用自己的天赋做出惊人的事情，用我们的创作实现惊人的壮举。‘惊人’这个词实际上来自拉丁语‘extonare’，意思是‘让某人如遭雷击’。今天每个人的内心深处都有这样做的能力。从神经生物学的角度来说，这种不健康的叙述是我们大脑边缘系统的一种退化，我们越降低这种叙述的音量，就越能听到崇高的呼唤，呼唤我们站出来，公然展示我们最伟大的天赋。无论你是大公司的主管、小办公室的程序员、学校的老师还是餐馆的厨师，都是如此。你绝对有能力将你的作品提升到艺术水平，并对人类的提升产生影响。然而，由于我们对自己的真实身份和自己能取得的成就有错误的认识，我们把自己的人生交给了冷漠，暴力地停留在苟延残喘的生活状态中。这里有一个真正重要的想法：当我们背叛自己真正的力量时，我们的一部分开始死亡。”

“真是戏剧性的洞察，”艺术家承认，“我真的需要做出一些重大改变。我厌倦了疲惫的感觉，忽视了我的创造力。我开始意识到我很特别。”

“是的，”企业家肯定地说，“你很特别。”她用温柔的声音重复道。

“我开始意识到，我太在意别人的想法了。我的一些朋友嘲笑我的画，还在背后说我是个神经病。我意识到他们只是不理解我和我对艺术的洞见。”

“世界上许多伟大的天才直到去世几十年后才受到赏识，”莱利先生低声说道，“至于你关于朋友的那些认识，我不太确定你是否和对的人在一起。也许现在是时候做你自己了，而不是因为别人的意见而限制你的天赋和活力。科特·柯本说得很好：‘我厌倦为了相处而假装自己是另一个人，只是为了与他人相处，只是为了拥有友谊。’”

“嗯。”艺术家回答道。

“我所分享的是准确的。如果你和消极的人待在一起，你将永远不会在你的领域产生积极的影响，也不会过上美好的生活。哦，我刚才提到的那种痛苦，如果不加以关注和释放，就会在我们的内心形成恐惧和自我憎恨的蓄水池。我们大多数人没有意识到或者没有工具来处理这口被压抑的痛苦之井。我们大多数人没有意识到我们不尊重承诺所造成的这种无声折磨。因此，即使有人建议我们这样做，我们也会拒绝。当我们有机会表现出来时，我们会选择逃避。我们潜意识地制定了一系列让灵魂崩溃的逃避方式，以避免感受到我们的天赋被否定所带来的痛苦。”

“比如说？”企业家问。

“成瘾。比如不停地查看信息或点赞。现在的电视节目太精彩了，很容易让人上瘾。在某些观看平台上，当一集结束时，下一集就会自动开始。我们中的很多人没有真正理解忙碌和高效之间的巨大区别。高影响力的执行者和真正的世界建设者并不太愿意接受任何人寻求他们的关注和需要他们的时间。他们很难达到，更专注于做真正的工作而不是人为的工作——因此他们取得了令人惊叹的成果，推动了我们世界的发展。其他避免潜在未表达的痛苦的技巧是：花费数小时漫无目的地上网、电子购物、过度工作、过度饮酒、过度饮食、过度抱怨和过度睡眠。”

莱利先生喝了一口水瓶里的水。这时另一艘渔船驶过。船长向莱利先生挥手致意，莱利先生则鞠躬答谢。

“演说家称这种现象为‘博学的受害者’，”莱利先生热情洋溢地继续说道，“当我们告别青春时，我们有一种自满的感觉。我们开始随波逐流，满足于熟悉的事物，失去扩张疆域的强烈欲望。我们采用受害者模式。我们找借口，然后背诵无数遍，以至于训练我们的潜意识认为它们是真实的。我们把自己的挣扎归咎于他人和外部环境，把过去的事件归咎于自我的抗争。我们变得愤世嫉俗，失去了小时候的好奇心、同情心和天真无邪。我们变得吹毛求疵、冷酷无情。在我们大多数人为自己创造的个人生态系统中，平庸变得可以接受。因为这种心态每天都在我们内心运行，这种观点对我们来说是如此真实。”

“是的，至少一切都变得越来越清晰。所以，关键是重写我们的个人故事，对吗？”企业家问道。

“当然，”莱利先生证实道，“每当你意识到自己陷入了受害者模式并做出更勇敢的选择时，你就改写了故事。你提高了自我认同，提升了你的自尊和自信。每当你投票给你优越的一面时，你就会削弱你脆弱的一面，滋养你内在的力量。当你以精通所要求的一致性来做到这一点时，你的‘资本化智商’（即你实现任何天赋的能力）就会增长。”

莱利先生邀请他的两个学生搬到他家的露台上，继续早上的课程“创造历史的四个聚焦点”。

免于分心，只专注最重要的事情

莱利先生说：“这是创造历史的第二个聚焦点，沉迷于分心会扼杀你的创造力。这个关注点将引导我们完成今天的培训课程。我决定深入探讨赢得这场反抗分心和网络骚扰的‘战争’的重要性，因为这在我们的文化中是一个极其严重的问题。在某些方面，新技术和社交媒体不仅在侵蚀我们卓越的生产潜力，也在训练我们变得不那么人性化。我们真正的对话越来越少，真正的联系越来越少，有意义的互动也越来越少。”

“嗯，是的，随着清晨在海滩上流逝，我越来越意识到这一点。”企业家承认。

“对大多数人来说，用无意义的行动来打发宝贵的时间是他们的最佳选择，”莱利先生继续说道，“理智上，我们知道不应该把时间浪费在零价值的活动上，但情感上，我们就是无法战胜诱惑。我们就是无法抵抗诱惑。这种行为使企业损失了无法估量的生产力和质量。正如我之前提到的，人们在工作中犯的错误比以往任何时候都多，因为他们不在场。他们宝贵的专注力被技术绑架了，从而失去了创造最佳作品和校准最好生活的机会。”

只有在清晨时分才有的静谧，仍然在这里弥漫着。

莱利先生停顿了一下。他环视了一下整个场景，凝视着家周围整齐摆放的鲜花，然后看着地平线上似乎静止的货船，最后看着大海。

“看，朋友们，”他最后说，“我爱现代世界。如果没有我们现在所拥有的所有技术，生活将会变得更加艰难。我的生意不会像现在这样成功，我不会像现在这样高效，也不会和你们两个在一起。”

“为什么？”当一只海豚优雅地游过时，艺术家惊叹道。只见海豚平稳地从海里飞出，在空中旋转了四圈，然后落入水中，溅起巨大的水花。

莱利先生看上去很高兴。“我很高兴我发现了如何成为一块吸引奇迹的磁铁，”他自言自语道，“我迫不及待地想教这些优秀的人如何创造奇迹。”然后他继续他的演讲。

他解释说：“在我生病的时候，先进的医疗技术救了我的命。不管怎么说，利用好技术都是一件非凡的事情。我真正担心的是现在人们运用它的那些愚蠢方式。很多有潜力的杰出人士都患上了‘注意力分散综合征’，因为在他们的职业生涯和个人生活中充斥着网络噪声。如果你正在追求胜利，请效仿历史上所有伟大的大师，从你的生活中剥离所有复杂的层面。简化，简化一切，成为一个纯粹主义者。少即是多，只专注于几个工作项目，这样你就能把它们做得很棒。在社交方面，朋友少一点，但要深入交往，这样你们的关系才会更加亲密。只专注于最重要的事情，那就是专业人士如何取得胜利。注意简化，简化，再简化。”

“停止管理你的时间，开始管理你的专注力，”莱利先生补充道，“现在，在我们生活的压力巨大的社会里，有了这个伟大的原则。”

“多亏你的教导，”艺术家说，“我现在明白了忙碌并不意味着高效。为了更出色地工作，我要打破我的工作常规。之前我会上网冲浪；我会睡得很晚，看一整季我最喜欢的节目，或者整晚和我的虚拟朋友玩电子游戏；有时候我会喝太多廉价红酒。”

“你越接近你的天赋，你就越会面临恐惧的威胁，”莱利先生由衷地赞同道，“你会害怕离开大多数人，不得不处理精通的副产品，比如与大多数人不同、来自竞争对手的嫉妒，以及让你的下一个项目做得更好的压力。当你向精湛技术迈进时，你会对失败感到焦虑，对自己不够优秀感到担忧，对开辟新道路感到不安。因此，你的杏仁核——大脑中探测恐惧的杏仁状灰质团——被激活了，然后你开始破坏已经建立起来的生产力。我们都有一个潜意识的破坏者，潜伏在最脆弱的自我中。好消息是，一旦你意识到这种状况……”

“我可以做出更好的日常选择，这将给我带来更好的日常结果。”艺术家打断了他的话，看起来精力充沛。

“没错，”莱利先生说，“一旦你意识到这样一个事实：当你接近自己最高的天赋时，你恐惧的一面会抬起它丑陋的头，试图通过寻找一切可能的分心和逃避路线来破坏你一直在创作的杰作，以阻止你完成，而你可以控制这种自我毁灭的行为。你可以走出这种状态，可以剥夺它的权力，只需要看着它试图谴责你的掌控力。”

“这真是深刻的见解，”企业家说，“这很好地解释了我限制自己在公司的生产力、表现力和影响力的原因。我会设定一个重要的目标，让整个团队都参与进来。我们对主要交付物进行排序，然后我就会分心。我会对另一个增加我们业务复杂性的机会说‘是’；我会整天和那些喜欢倾听自己声音的人开一些无用的会议；我会痴迷地查看我的通知，虔诚地看‘突发新闻’报道。”

莱利先生举起了一只手。他的助手从海滩小屋冲向现在阳光普照的露台，他穿着整洁的白衬衫、炭灰色帆船短裤和精心打理的黑色皮凉鞋。

“给您，先生。”这位年轻人带着法国口音说，同时递给莱利先生一个上面有神秘标记的托盘，托盘中央有一个人脑模型（见下页图）。

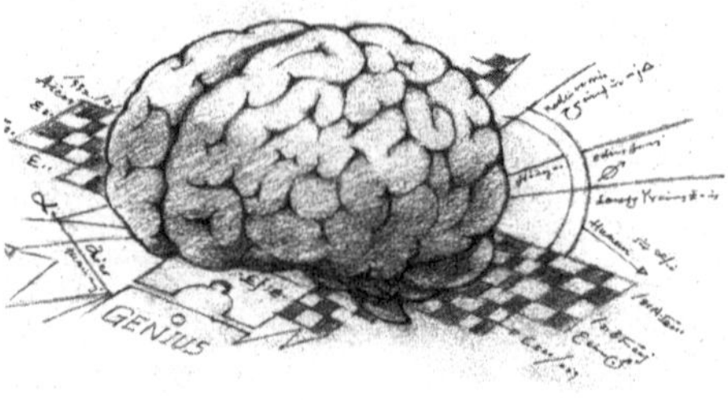

“多谢，皮埃尔。现在让我们来探索自我破坏的神经科学，这样你们就能更好地理解它，然后打败它。记住，我们每个人都有演说家所说的‘古老的大脑’。它是由边缘系统组成的，边缘系统是位于丘脑两侧的一组大脑结构，就在大脑的正下方。我刚才提到的杏仁核就是其中的一部分。几千年前，在那个充满饥饿、极端气温、好战部落和剑齿虎等无情威胁的原始世界里，这种基本的、功能较低的大脑起到了保护我们安全的作用。具体来说，它的作用是做一件至关重要的事情：在警告我们危险的同时保持一个稳定的状态，从而有利于我们的生存和繁衍。”

“到目前为止？”莱利先生礼貌地问道。

“明白。”当一位管家端上新鲜的柠檬茶并将几块姜片放入其中时，企业家和艺术家异口同声地说道。

“太好了。我们古老的大脑的一个迷人特征就是它的消极偏向。为了保证我们的安全，它对我们周围环境中的积极因素不感兴趣，而更倾向于让我们知道什么是消极的。大脑的默认功能是搜寻危险，”莱利先生高兴地继续说道，“所以，当生活变得残酷时，我们可以迅速做出反应并存活下来。这种机制对我们的祖先非常有用。但在当今世界，大多数人并不是每天都要面对死亡。事实上，普通人的生活质量甚至比几百年前大多数皇室成员的还要高。请想一想我们现在是多么幸福。”

莱利先生喝了一口茶说：“然而，由于我们古老的大脑中固有的消极偏见，我们不断地扫描安全漏洞。我们处于高度警惕状态，大部分时间都很焦虑和紧张，即使一切都很顺利。很有意思，对吧？”

“这在很大程度上解释了我们为什么会有这样的想法。”企业家说，她也喜欢喝茶。“现在我明白了为什么我总是觉得自己做得不够多，尽管我的成就比我认识的任何人都多，”企业家继续说道，“我拥有一个成功的企业，它有强大的净资产，在我的投资人变得贪婪之前，我的生活相当美好。然而，尽管我拥有了一切，我的大脑似乎总是专注于我错过了什么，我在哪些方面拥有的不够多，以及我为何没有达到预期的胜利。这些都让我抓狂，我感觉不到任何平静，永远不会。”

企业家抱着双臂。艺术家给了她一个飞吻，他的脏辫在芬芳的微风中摇曳。

莱利先生解释说：“西奥多·罗斯福说了一句话，我认为你很有必要听听。”

“他说了什么？”企业家问道，她握紧了双臂。

“攀比是快乐的窃贼，”莱利先生回答道，“总有人比你拥有更多的财富、声望和其他东西。想想我之前关于超然的观点，以及接受懂得适可而止的智慧。”

“是的，我记得。”企业家彬彬有礼地说。

“你的这种渴望越来越多地来自内心深处的匮乏感，当然其中很大一部分源于你古老的大脑的运作方式。它在扫描你周围的环境，消极偏见被激活，阻止你享受你所拥有的一切美好。”莱利先生说，“好吧，让我们再细化一点。随着时间的推移，我们的大脑不断进化。其中前额叶皮层发育了，这是我们大脑中负责高级思维的部分。神经科学家认为它是高级推理的王冠上的宝石。演说家称之为‘精通的大脑’。但问题是：当我们开始有更大的梦想，学习更快，创造力、生产力和表现水平都得到提高时，古老的大脑和精通的大脑开始发生冲突，它们开战了。古老的大脑感知到我们的成长，知道我们正在离开已知的安全港湾，并且因为我们正在离开传统的生存方式而感到兴奋。它能感知到威胁——即使这种威胁对我们的个人提升和职业发展至关重要。我们必须冒险进入那些未知的地方，因为那里存在着可能性，与我们的原始天赋更加亲密，能让我们成为想成为的人。知道我们还有更高层次的天赋和更大的勇气等着我们去探索，我们就感到兴奋不已。这些知识是使生命变得有意义的巨大财富之一。著名心理学家亚伯拉罕·马斯洛曾说：‘如果你打算做任何事情，而不是你有能力做的事情，你很可能一生都不会快乐。’当我们离开熟悉的事物，尝试新事物时，杏仁核就会高速运转起来，迷走神经被激活，皮质醇被释放。然后，当我们正要开始破坏时，我们的大脑如此聪明地希望我们意识到。”

艺术家说：“这就解释了为什么很少有人具有卓越的创造力和生产力。当我们离开自己的舒适区时，古老的大脑会被激活。当我们提升自己的专业知识和影响力时，它会被这种变化吓到。”

“没错，”莱利先生鼓掌说，“然后皮质醇被释放，我们的知觉范围变窄，呼吸变浅，进入战斗或逃跑模式。事实上，面对恐惧的三种选择是逃跑、战斗或僵住。”

艺术家补充说：“我们的高级思维希望我们成长、进化、做更出色的工作、过上更好的生活并改变世界。但我们的大脑正在进行一场战斗，我们古老的大脑想阻止我们的进化。”

“没错。”莱利先生一边说，一边向艺术家挥拳致意。

“所以，对于创造历史的第二个聚焦点　　你正带领我们学习的模式‘免于分心’，我想正是因为我们面临的这种恐惧，我们才会尽可能多地采用娱乐方式来让我们感觉更好，哪怕只有一分钟？”企业家问道。

“真相，”莱利先生证实道，“而且为了逃避随着我们与原始天赋变得更加亲密所带来的不适感。”

“这对我来说是件大事，”艺术家抑制不住自己的热情说道，“你刚刚向我们解释了为什么我们的文化如此沉迷于分心，以及为什么大多数人没有体验到他们的伟大。我想这就是为什么富有创造力和生产力的人才是我们社会真正的勇士。我们不仅要面对反对者的侮辱和那些不理解我们艺术的批评家的箭矢，还要勇于推开我们古老的大脑恳求我们不要去追求人生辉煌的警钟。”

“说得真有诗意，我的朋友！”莱利先生高兴地喊道。他又跳起了那支小舞，正在打扫房间的管家只是摇了摇头。

“感受真正的个人和职业成长带来的恐惧需要极大的勇气，勇气令你即使在害怕的时候也会选择成为传奇人物。你们两个是伟大事物的创造者和建设者。所有的建设者每天都在不断突破他们的恐惧，去寻找更高层次的力量、影响力和人类的自由。当你们充分展示自己的优势和天赋时，你们得到的奇妙回报不只是你们英勇奋斗的结果，还有你们在掌控过程中，通过恐惧之火和考验之火，你们将成为谁。你们开始了解自己是谁，更清楚地看到自己的能力和自信获得提升。你们不再那么需要别人的奉承，开始过着一种真实的生活，而不是一种不希望你们自由的世界制造出来的虚拟生活。”

莱利先生喝了一口水，然后继续解释从设备和数字娱乐的束缚中挣脱出来的重要性。

他对两位听众说：“这就是成为凌晨 5 点俱乐部的成员可以让你发挥魔力的地方。世界上伟大的人避免复杂性的方法之一是将宁静与平和融入他们的生活。这种绝佳的训练给了他们必要的时间，让他们远离过度刺激，去品味生活本身，激发他们的创造力，发展他们最崇高的自我，计算他们的祝福，并培养他们将在此基础上度过余生的美德。许多推动我们文明进步的人都有黎明前起床的习惯。”

“你能说出其中几个人的名字吗？”企业家问。

“著名小说家约翰·格里沙姆就是其中之一，”莱利先生回答说，“其他著名的早起者包括莫扎特、乔治娅·欧姬芙、弗兰克·劳埃德·赖特和海明威等。他们曾经说过，在清晨，‘没有人打扰你，天气或凉或冷，你开始工作，而当你写作时，你感到温暖’。”

“贝多芬黎明就起床了。”艺术家说。

“伟大的人都有很多独处的时间，”莱利先生说，“独处（你在太阳升起之前就能接触到的那种独处）是围绕你的力量、专业知识和与人的联系的力量倍增器。你的进步需要你的独处，你可以整天无休止地用手机聊天，谈论成千上万件毫无意义的事情，你也可以通过发挥你的天赋，提高你的技能，成为一束鼓舞所有人的光来改变世界，但你不能两者兼得。普林斯顿大学的心理学家埃尔德·沙菲尔（Eldar Shafir）用‘认知带宽’这个术语来解释我们每天早上起床时的心智能力是有限的。当我们将注意力集中在众多影响因素上时——从信息和在线平台到我们的家庭、工作、健康和精神生活——我们在每一项活动上都留下了一部分注意力。这是一个非常重要的见解。难怪我们大多数人在中午前很难集中精力做重要的事情。我们已经耗尽了带宽。明尼苏达大学的商学教授索菲·勒罗伊把我们集中在分心和其他刺激上的注意力称为‘注意力残留’。她发现，当人们一天中不断地从一项任务切换到另一项任务时，他们的工作效率会大大降低，因为他们把宝贵的注意力放在了太多不同的事情上。解决办法正是我所建议的：一次只做一件高价值的事情，而不是无休止地一心多用，而且要在安静的环境中进行。爱因斯坦很好地阐述了这一点，他写道：‘只有全身心投入一项事业中的人才能成为真正的大师。’因此，精通需要一个人的全身心投入。这确实是艺术大师和历史创造者最严守的秘密之一。他们不会分散自己的认知带宽，不会稀释自己的创造天赋，去追逐每个诱人的娱乐信息或机会。不，相反，他们严格自律，只做能够达到世界级水平的事情。就像我之前说的：伟大的人明白，与其创作成千上万件毫无意义的作品，不如创作一件真正经久不衰的杰作。而且请记住：95% 的人浪费的时间，正是 5% 的精英所珍惜的时间。凌晨 5 点是干扰最少、人类创造力最高、内心最宁静的时刻，因此要好好利用'胜利时刻'，这样你们将会在生产力和个人掌控力上取得巨大飞跃。我不想再深入探讨我今天早上分享的神经科学，我已经计划好了给你们一个大惊喜。但我还有一个概念想与你们分享，它叫'短暂性前额叶功能下降'。"

"短暂性的什么？"艺术家笑着问。

莱利先生走到一棵高大的棕榈树前，粗壮的树干透露出它苍老的树龄。树下放着一张晒得发白的圆木桌，木头上精心雕刻了一个模型。如果你亲眼看到它，一定会印象深刻并且非常着迷。

他清了清嗓子，喝了一些柠檬茶。几秒钟后，他开始漱口，然后继续他的演讲。他沉思道："当你早起独处时，远离过度刺激和噪声，你的注意力就不会被科技、会议和其他可能限制最大生产力的因素分散。因此，负责理性思维和持续担忧的大脑前额叶皮层实际上会暂时关闭。有趣的信息，对吧？这就是'短暂性前额叶功能下降'的'短暂性'部分。这只是暂时的，你无休止的分析、沉思和紧张的过度思考会停止。你暂停试图弄清楚一切，不再过度担心那些可能永远不会发生的事情。你的脑电波会从通常的 β 波状态转变为 α 波状态，有时甚至会转变为 θ 波状态。黎明时分的孤独、沉默和宁静还会引发神经递质的产生，比如多巴胺，它是超级创作者的灵感燃料，还有血清素这种'快乐激素'。自然而然地，你会进入我之前所说的'心流状态'。"

莱利先生对着桌子上的图（见图 10-2）挥了挥左手。

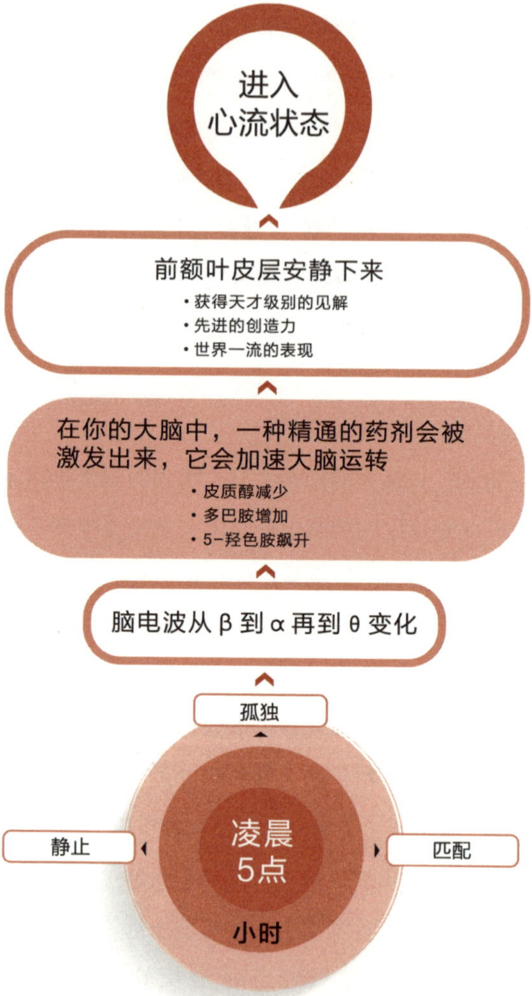

图 10-2　天才的秘密：短暂性前额叶功能下降

他兴致勃勃地补充道："'心流状态'是所有与众不同的人（如顶级小提琴家、顶尖运动员、精英厨师、杰出的科学家、卓有成效的企业家和传奇领袖），在产出他们最好的‘产品’时所拥有的一种巅峰心态。当你给自己早晨的宁静，大脑进入纯粹的天才领域的固有能力就会被激活。对你们俩来说，好消息是，只要采取正确的行动，你们就能够达到这种状态。”

“短暂性前额叶功能低下，一个非常有帮助的概念。”企业家一边小心翼翼地把手机放进短裤里，一边说。

“如果人们知道了这个信息，整个世界都会改变。”艺术家说。

“他们应该把这些都教给学校里的孩子。”企业家建议道。

“太对了，”莱利先生表示赞同，“但是，我要再次赞扬我与你们分享的这种哲学，以及我很快带你们了解的转化方法，所有这些强有力的信息都归功于演说家，他是我最好的老师。毫无疑问，他是我认识的最优秀的人。没有诚信的聪明才智对我来说没什么了不起，只有成就而没有同情心也是毫无意义的。是的，如果世界上的每个人都接受过这方面的教育，然后他们有决心去应用它，那么整个世界都会进步。因为我们每个人都发挥着自己的潜能，去取得非凡的成就。”

精通实践，训练你的优势

这是创造历史的第三个聚焦点。莱利先生带着他的两个学生走到宽阔的露台，从那里可以欣赏到他房子前面的美丽海景。一辆黑色 SUV 在车道上闪闪发光，早晨的阳光洒在上面。

“我们要去哪里？”企业家问。

“我在研讨会上向你们俩承诺，如果你们来毛里求斯看我，你们会和海豚一起游泳。所以，我要兑现我的承诺。我们要去岛的西部，一个叫 Flic-en-Flac 的海边小村庄。两个可爱的年轻人正在那里等着我们。”

这辆 SUV 很快就驶过莱利先生的海滨大院周围迷人的小城镇，驶上了一条被精心维护的高速公路，随后汽车缓缓驶进一个美丽的港口。

两个年轻的渔民拥抱了莱利先生。然后这群人出发前往广阔的印度洋，寻找一群他们可以与之同游和嬉戏的海豚。牙买加歌手夏奇（Shaggy）的歌曲《女性的力量》（*Strength of a Woman*）从用灰色胶带固定在船舷上的扬声器中传出。汽艇撞击海浪时溅起的浪花浸湿了莱利先生、企业家和艺术家的脸，让他们咯咯地笑起来，就像孩子们在雨后留下的水坑里跳舞一样。

经过几次探索后，他们发现海豚在一个被悬崖环绕的小海湾里欢快地游泳，就像你在加州太平洋海岸高速公路上看到的那样。当这些海豚在海洋中欢快地滑行时，你会觉得那个小小的海湾里有成千上万只海豚，实际上只有 11 只左右。

"来吧，朋友们，"他兴奋地说，"我们出发吧！"莱利先生戴上潜水面罩，迅速从汽艇后面的平台滑入水中。

下一个下水的是企业家，她的眼睛里充满活力，她的心怦怦直跳，这是她有生以来从未感受过的兴奋。

艺术家紧随其后，在船尾做了一个俯卧撑。

其中一名年轻的渔民穿着印有彩色热带图案的冲浪短裤和运动胶鞋，在他的带领下，三位冒险家和海豚在水面下平稳地游泳，嬉戏玩耍。当海豚下潜时，这三个兴高采烈的人也下潜。当海豚转圈时，凌晨 5 点俱乐部的成员也转圈。当海豚互动时，企业家和艺术家也互动。

这次体验只持续了大约 15 分钟，但它给人的体验无比美妙。

"这太不可思议了。"艺术家气喘吁吁地说。他从水里钻出来，挣扎着从靠近发动机的小平台回到船上。

“这是我一生中最奇妙的经历之一。”企业家由衷地感慨道，然后她慷慨地吻了一下艺术家。

莱利先生很快浮出水面。他大笑起来：“天哪，太棒了！”

回到港口后，早上的培训课程在海滩上继续，旁边是一堆当地人用来烤鱼的石头。双彩虹依然壮观地挂在广阔的天空中。

莱利先生向天空举起一只手，四只白鸽突然从天而降，然后一群粉色和黄色的蝴蝶飞过。

“很好。”莱利先生盯着它们说。

他给两个学生演示模型，模型上面印着“个人精通实践”。

“我们在这里讨论什么？”艺术家浓密的头发在滴水，他用壮实的带有文身的手臂环抱着正在发抖的企业家，为她取暖。

“训练是最好的提升技巧的方式，”他直截了当地回答，“还记得演说家在研讨会上分享的斯巴达勇士信条吗？练时多流汗，战时少流血。嗯，你早晨训练的质量决定了你每天的表现。战斗的胜利是在早期的高强度训练中赢得的——在没有人观看的时候。胜利发生在勇士踏上赛场之前，胜利属于准备最充分的人。很明显，如果你想成为世界上优秀的商业人士、艺术家、国际象棋大师、设计师、机械师或管理者，你需要投入大量的时间进行实践来提高你的专业技能。具体来说，一个表演者必须在10年的时间里，每天至少花2小时44分钟来提高他们所选择的技能，这是佛罗里达州立大学的杰出心理学家安德斯·埃里克森通过他开创性的研究告诉我们的。这是在任何领域出现天才的第一个迹象所需要的最小有效训练量。然而，我们中很少有人认识到，为了成为更优秀的人，花上一万个小时的训练是多么重要。这就是为什么我们中很少有人能解开那个密码，而那个密码一旦被破解，我们就会释放出所有的智慧、创造力、勇气、爱和内心的平静来解放我们的主权自我。只有我们自己改变了，我们的生活才会改善。因此，我建议你们每天鞭策自己变得更好，就像我们必须致力于其他帮助我们成为世界级人物的技能一样。强化、固化、滋养你们内心生活的核心维度，相信我，你们的生活会焕然一新。你们在外部世界所做的一切都是你们内心活动的结果，然后你们每天都会走进这个世界，思考、感受和创造让你们无法征服的东西。这是你们欠自己的礼物。”

“在参加演说家的研讨会之前，我从不相信自我提升，”企业家直截了当地说，“在我看来，这从来都不真实。”

“你试过吗？我的意思是，在很长一段时间内认真地练习？”莱利先生坚定地问道。这时又有一只鸽子从头顶飞过。当他抬头看太阳的时候，云朵似乎都散开了。

“并不尽然，”企业家承认，“直到现在，直到我加入凌晨5点俱乐部。”

“很好，让我们继续。”莱利先生说，“这是关键，在你的‘胜利时刻’，每天凌晨5点到6点，集中精力升级演说家所说的四个内在帝国。这将是你一生中最聪明有时也是最困难的工作，对你很有帮助。培养四个核心的内在领域，我马上会带你实践，这是你转变的金钥匙。这并不容易，我需要强调这一点，但这是完全值得的。”

“为什么？”企业家想知道。她不再因为印度洋冰冷的海水而颤抖，但艺术家仍然抱着她，他浓密的头发还在滴水。叛逆的公鸡仍在鸣叫。

“因为在你看到外在帝国之前，内在帝国需要发展到世界级水平，你的财富总是随着你的无畏而来。深刻的洞察力，朋友：你对世界的影响反映了你自身的荣耀、高贵、活力和光芒。在这个肤浅的时代，很少有人记得这个基本原则，人类的行为就像机器。外在总是表达内在，而不总是反映内在。你的创造力、生产力、表现和对世界的影响总是你内心活动的崇高的表达。例如，如果你对自己实现抱负的能力缺乏信心，你将永远无法实现它们。如果你不会利用你的天赋，你实践的热情很低，你优化的耐力很低，你将永远不会达到精通水平。要体验外在生活中的帝国，你首先需要发展你的内在帝国。”

莱利先生开始喝一瓶绿色的液体，那是他跳下汽艇时一个渔民给他的。如果你仔细看印在玻璃瓶上的文字，你会读到圣雄甘地的这句话：“世界上唯一的魔鬼是在我们心中奔跑的魔鬼。这才是战斗应该进行的地方。”

“随着你不断增强你的内在力量，”莱利先生继续说，“实际上你会看到一个充满美好机会和无限可能性的平行世界。你将进入一个大多数人都无法感知的奇妙宇宙，因为他们的眼睛被怀疑和恐惧蒙蔽了。伟大是一种内在的游戏。”他肯定地说道，然后在沙地上画了一张图（见图 10-3）。

图 10-3　四个内在帝国

“现在让我们细化这张图，这样你们就能非常清楚地意识到，在你们的‘胜利时刻’，你们内心的哪些方面需要改善。当我教授‘20/20/20公式’时，我会很快为你们提供完整的早晨例行程序。你们只需要知道在太阳升起之前有四个内部驱动力需要训练、培养和迭代，它们就是心态、心境、健康态和灵性态。这四个私人竞技领域共同构成了真正的原始力量的基础，这种力量存在于每个人的内心。我们大多数人都否认和怀疑这种强大的力量，因为我们整天都在追求自身之外的东西，但我们天生都有这种深刻而卓越的能力。优化你的四个内在帝国的最佳时间是早上 5 点到 6 点，那是一天中最特别的时刻。掌控你的早晨就能提升你的生活。”莱利先生鼓励道。

“哦，我有一个问题：如果我只想一周工作五天，周末休息怎么办？这个‘凌晨 5 点法’有多严格？”企业家问。一条年老的狗拖着脚步走过，鱼餐馆里响起了意大利音乐传奇人物祖切罗的歌曲 *Occhi*。你可能会觉得这一幕很奇怪，但它确实是这样发生的。

“这是你的生活，做你觉得最适合你的事。我要分享的是演说家和我分享的信息，它让我创造了巨额财富，帮助我找到了每天的快乐和持续的平静。真的，这一切让我无比自由。用任何符合你的价值观、抱负和生活的方式去实践它。但也要知道，部分投入只会带来部分效果。”莱利先生一边说，一边转身去抓一只苍蝇。

“你能深入讲一下‘四个内在帝国’吗？”企业家问，“它们将真正帮助我在与那些投资人的斗争中变得更加强大，让我重拾更多的希望、快乐和信心。我还没有告诉你们，在过去的这些天里，我一直在应用你慷慨地与我们分享的许多知识。我相信你也看到了，一开始我抗拒演说家的许多理念，我真的不想去参加他的研讨会，但现在至少我接受了你们的教诲。我变得极度开放，热爱生活。现在我打算活很久。”

“很好。”艺术家一边说，一边拿起一个心形贝壳温柔地放在企业家的手心。他让她的手指紧紧握住它，把她的手按在他的胸前。

“我已经注意到一些显著的进步了，”企业家继续说，“凌晨5点起床，我感觉更专注，压力更小，更有安全感，精力也更充沛，对生活的方方面面也有更深刻的洞察力。我对我的世界中所有积极的事物都更加感恩，对我在公司受到的攻击不再那么在意，对我的未来更加期待。那些投资人是坏人，我还没有完全准备好面对他们。不过我会的，我对整件事的恐惧及绝望感都已经消失了。”

“非常好。”莱利先生赞许地说道，然后他在海滩上换了一个T恤。SUV回来了，司机把车停在海鲜餐厅的正前方。

“而且你很聪明，”他补充道，“所有这些信息都是无价的。但是正如你所发现的，正是对它的不断练习和实践，才会使你成为一个英雄人物，一个鼓舞人心的商业领袖，祝贺你放下了过去。你的过去是一个可以学习的地方，而不是一个可以居住的家。”

三人乘坐SUV，SUV向着睿智的主人的庄园驶去。

“所以，让我们多谈谈这种学习模式，因为它对你的成功和幸福至关重要，”莱利先生在SUV行驶时评论道，“许多大师谈到了心态。用哈佛心理学家艾伦·朗格的话来说，他们教授建立‘可能性心理学’的重要性，指导你每天乐观地思考。这些老师告诉你，你的思想决定你的现实，通过改变你的思想就能改善你的生活。可以肯定的是，调整你的心态是迈向个人成功的必要步骤，这将实现传奇的现实。”

“然而，”莱利先生继续说道，“你们两个明白下面这一点非常重要，因为大多数人都不明白：演说家教会我，提升心态——四个内在帝国中的第一个——只占个人精通方程式的25%。”

“真的吗？”艺术家问道，“我一直认为我们的思维决定了一切，没有比这更重要的了。正如那种‘改变你的思维，你将改变你的生活’和‘你的态度决定你的高度’之类的东西。”

“瞧，”莱利先生说，“你内心深处的信念驱使着你的日常行为，这绝对正确。我深信这一点，而且也认同你感知世界的方式会驱使你在其中的表现。然而，一个超级追求发展的心态，如果没有极致纯净的心境，也将会是空洞的胜利。只专注于你的思维模式，永远不会让你的主权得到充分体现，也不会让你的天赋得到充分表现。”

“我想我明白你的意思了，”艺术家挂着大大的笑容说道，“查尔斯·布可夫斯基曾说：‘不要再坚持清理你的头脑了……相反，要清理你的心。’”

“他说得对。”莱利先生赞同道，随即在他的豪华皮质座椅上坐的更松弛了。

“那么，请帮我弄清楚‘心境’到底是什么。”企业家说。她看到一群孩子在操场上兴高采烈地奔跑，于是她的思绪飘向了自己的童年。

“心境是你的情感生活。即使有坚不可摧的信念和世界级的杰出思维模式，如果内心充满了愤怒、悲伤、失望、怨恨和恐惧，那么你也不会成功。想想看：如果讨厌的消极情绪把你压得喘不过气，你怎么可能做出非凡的工作并取得惊人的结果呢？现在似乎每个人都在谈论建立一种健康的、不可战胜的心态。随处可闻。但是没有人提及‘心境’，或者‘健康态’和‘灵性态’。所有这四个内在帝国都必须通过晨练得到完美打磨，这样你才能知道潜藏在你内心的令人敬畏的力量。只有当你成长并加深存在于你核心的自然权威的关系时，你才能跻身于大师的行列。当你提升了这四个内在帝国时，你将开始在外部世界取得成功，并达到你从未相信自己能达到的高度，而且这个过程会比你想象的更加优雅，就像你已经拥有了魔法师的能力。你开始通过自己的存在来增强他人的力量，一连串不可思议但始终可靠的奇迹将注入你的日常生活中。由辉煌的成就和世界各地的服务带来的无尽的快乐将降临到你身上，作为生活对你那令人钦佩的行为方式的奖励。”莱利先生望着车窗外，继续他的演讲。

“我们很多人往往心里都知道自己应该做什么，但从来没有发生过什么非凡的事情，因为我们的情感生活仍然一团糟。我们囿于过去。我们还没有原谅那些不可饶恕的人或事。我们压抑了所有伤害我们的不良情绪。西格蒙德·弗洛伊德曾写道：‘未表达的情绪永远不会消失。它们只是被活埋，有朝一日会以更加丑陋的方式出现。’我们想知道为什么我们积极思考的尝试没有奏效！我与你们分享的内容解释了为什么这么多自我提升类书籍不能带来持久的进化，以及为什么很少有课程能带来持久的改变。我们的思想意图是好的。我们真的希望成为更聪明的创作者和更优秀的人。但我们只是从思想层面获取信息，然后用我们破碎的心里仅存的碎片来破坏我们崇高的理想。最终没有任何改变，没有任何提升，没有任何转换。如果你想要经历指数级的增长和无与伦比的表现，你需要建立一个大师级的心态，但同时也需要修复、重建和强化一个必胜的心境。这样所有来自你过去痛苦的黑暗和消极情绪都被清除了。被释放，被清洗，被净化，直到永远。因此，你的心，曾经在生活的试炼中变得坚硬，将在崇高的荣耀中再次敞开。”

“了不起的见解，”企业家认同道，“但我如何在凌晨 5 点到 6 点的‘胜利时刻’里准确地做到这一点呢？”

“你会在不久的将来学会如何实施‘凌晨 5 点法’，”莱利先生回答说，“你们俩正在变得足够开放和强大，很快就可以接受‘20/20/20 公式’了。就像我们之前建议的那样，一旦你们了解并掌控了它，你们的生活将会完全不同。‘20/20/20 公式’绝对改变了游戏规则。现在，请理解一个伟大的心态却搭配了一个贫乏的心境是优秀的人最终放弃他们伟大尝试的一个巨大原因。”

“噢，”他补充道，“还需要指出的是，在你的心境上下功夫不只是消除来自生活中的挫折、失望和负担积累起来的消极情绪，也需要放大积极情绪。这也是你的晨练需要将练习感恩作为其中一部分的原因，从而培养你的敬畏之心，激发你的活力。”

“说得太好了，”艺术家说，“你所分享的东西很深刻。我承认，这是变革性的。”他强调道。

“没错。因此，演说家教会我在每天早上的‘胜利时刻’对我的‘心境’做一些有深度的工作。但问题是：即使在第一缕阳光出现之前，你就在提升心境的同时改善了心态，这仍然意味着你只掌握了 50% 能够实现内在帝国从而让外部世界因为你产生的崇高愿望而屈服的工作。每天早上，在训练了心态和心境之后，你还需要强化你的健康态。”

“‘健康态’对我来说是个新词，”企业家说，“我喜欢这个说法。”

“这个嘛，跟你的身体有关。”当 SUV 经过毛里求斯众多的茶园时，莱利先生解释道。

“成为传奇人物的一个主要因素是长寿。如果你想成为领域中的翘楚或者获得不间断的卓越提升，那么一个有用的建议是：不要死。如果你死了，你就永远不会成为所在行业的领军人物和创造历史的标杆。”

当莱利先生开始猛地鼓掌时，企业家和艺术家都大笑起来。

“但我是认真的。一旦你认真致力于达到最佳状态并努力减缓衰老，美好的事情就会发生。想象一下多活几十年——并在此过程中保持无比健康的状态。这就又能有几十年的时间来完善你的技艺，从而有助于你成长为更有影响力的领导者，创作出卓越的艺术作品，为你的荣耀增光添彩，并建立一个将丰富全人类的光辉遗产。史诗般的制作人和伟大的领导者都明白，如果你不利用——然后武装你的生命力——就不可能达到出神入化的境界。每天都会因为不断练习而有明显的突破。我需要重申这一点，因为这对拥有精彩绝伦的生活无比重要，那就是：每天都会随着锻炼而发生惊人的改善。很少有事情能像保持健康一样让人感觉良好。健康态是关于调整你的身体层面，让大脑以最高的认知水平运作，从而点燃你的能量，化解你的压力，放大你的快乐。获得真正的健康和超强的体能对我的生意有益。”

莱利先生停了下来。他双手合十，这是印度的习俗，那里的人们见面会行“合十礼”，意思是“我向你的灵魂致敬”。

“朋友们，这就把我带到了灵性态。我了解到在我们每个人的内心深处都有一种纯洁无瑕的精神和一尘不染的灵魂。世界上大多数人对来自灵魂的私语和要求并不感兴趣。作为人类，我们忽视了身上最智慧、最美好和最永恒的那部分。在社会的不断发展下，大多数人购买可以变得更受欢迎的商品，从自拍中获得认同和社交资本，并取得合法的喜闻乐见的成果。然而，每天滋养你的精神，才是真正的领导才能。”

“莱利先生，请告诉我，当你提到灵性态时，你说的到底是什么呢？”企业家问道，作为演说家的学生，她显然取得了稳健的进步。她也比艺术家认识她以来的任何时候都更自在、强大和自由。

“是啊，我也不清楚。”艺术家诚恳地说。当司机把车开上去往莱利先生家蜿蜒的车道时，他正斜倚在座位上。

更多的蝴蝶飞过，那道双彩虹依然悬挂在天空中。莱利先生注视了它一阵。

他一边向他的园丁挥手，一边向一只青蛙伸出舌头，一边说：“英国诗人克里斯托弗·马洛说过这句话，‘美丽精妙的事物中往往蕴藏着一些稀奇古怪’。而且朋友，他说的不无道理。无论如何，为了帮助你理解第四个内在帝国，请允许我把这部分知识集中起来简单地说明一下，因为心态是关于你的心理，心境是关于你的情感，而健康态与你的生理相关，灵性态则是指你的精神性。就是这样，没有什么神秘的，没有任何宗教色彩，真的。”

“请再深入点，”企业家追问道，“你在用所有这些观点重塑我的感知。”

“不过话说回来，这都是演说家的作品，不是我的，还请记住这一点。总之，我鼓励你成为一个虔诚的修行者，在清晨的宁静中花些时间重拾你内在的勇气、信念和同情心。我所鼓励的是，在日出前的那一小段时间里，你能和你内心崇高的天使一起翱翔，与你最宝贵的天赋之神共舞，向你内在最智慧和最真实的东西致敬。灵性态就是要记住你真正是谁。历史上的贤者、圣人和先知都在黎明时分起床，与内心深处的英雄建立更牢固的联系。缺乏安全感、自私和不快乐都是恐惧的产物。这些特征都是你经历过的，它们肯定不是你的自然状态。在出生后，我们开始脱离自己的精神力量并演变为这个世界希望我们成为的样子。我们变得更注重获取、囤积和比较，而不是创造、利他和冒险。清醒的人们在黎明前的宁静时光里，在孤独、沉默和静止的圣地，努力提升他们的灵性态。具体方法包括：通过充满希望地沉思没有性格缺陷的自己最好的一面，通过奇妙的冥想，思考自己希望在未来的日子里如何表现，通过对生命的稍纵即逝和死亡的突然性的深思熟虑，通过丰富的反思，思考自己想要获得何种天赋从而能在自己离开这个世界时，帮助这个世界变得比自己在世时更好。”

“诚然，”莱利先生继续说道，他敞开心扉表达的脆弱在他现在柔和的声音中表现得更加有力，“你们俩的内心都有一个勇敢的、有爱的、强大的英雄。对大多数人来说，这个想法听起来很疯狂。但我所说的是事实。在‘胜利时刻’，花些时间在你的灵性态上，你会提升你对自己这个最伟大的部分的认识和连接。如此，你就会一直为社会服务，而不是满足自我需求。”

“随着我们对心态、心境、健康态和灵性态的深入认识，我们将做出更好的日常选择，从而保证更好的日常结果，对吗？”企业家念叨着她在先前的培训课程中学到的“成功的3步公式”。

“没错，”莱利先生鼓掌道，“正是如此。”他点了点头，补充道。

“还有，请永远对生活中最重要的事保持真诚，”莱利先生恳求道，“不要被那些扼杀人类精神，使我们脱离美好本心的表面现象所诱惑。”

他从前面的口袋里掏出一个薄薄的钱包，从一张叠在袖子里的破纸上读出了托尔斯泰的话。如果你和他们在那辆SUV里，你会听到他用粗哑而庄严的声音说：

“在乡下过一种与世无争的宁静生活，有可能对那些乐于行善的人有所帮助，而不是那些不习惯行善的人；然后做一些你希望可能有用的工作；然后休息，享受大自然、书籍、音乐、和睦的邻里——这就是我对幸福的理解。”

这三个人正站在莱利先生的房子外面。一只猫头鹰栖息在一棵柠檬树上，它看到莱利先生时发出了可怕的叫声，而莱利先生只是向它简单地挥了挥手。

“很高兴见到你，伙计，”莱利先生说，“你怎么这么久才回家？”

日积月累，精心润色每一个1%

这是创造历史的第四个聚焦点，“记住，你的每一个宝贵的日子都是你宝贵生命的缩影，”莱利先生说，“每一天，你都在创造自己的生活。我们都是如此专注于追求自己的未来，以至于通常忽略了每一天极其重要的价值。然而，我们今天所做的事正在创造我们的未来。这就像那边的那艘帆船，在长途航行中，一些看似无关紧要、微不足道的方向出现变化，倘若始终如一地发生变化，就会产生像最终到达巴西或者日本那样神奇的差异。你想要保证你的生活非常成功、精彩而有意义，那你需要做的就是把握好每一天。在每 24 小时的工作分配中做出 1% 的调整和改进，这些日子会变成以周为单位，而周会变成月，月则会变成年。演说家将这种日常个人和职业的优化称为‘微胜利’。提升你一天中的任何事情，从清早起床到思维模式，从商业技能到人际关系，只要提高 1%，就能在开始一个月后至少提高 30%——是的，30%。坚持下去，在短短一年内，你所追求的目标至少会提高 365%。所以，狂热地专注于创造美好的日子吧——它们将累积成美好的人生。”

企业家强调说：“每天的小改进，看起来微不足道，随着时间的推移不断进行，就会产生惊人的结果。”她回忆起在这次奇妙的冒险之旅中所烙印的记忆。

“是的。”莱利先生高兴地说。他伸了伸懒腰，然后摸了摸自己的脚趾，同时低声对自己说：“生活是美好的，我必须帮助这两个善良的灵魂变得伟大，否则就太晚了。”

“这才是真正的收获，”莱利先生继续说道，“精英创作者和平凡英雄都明白，你每天做的事远比偶尔要做的事重要得多。一致性确实是精通任何领域的关键因素。如果你想创造历史，规律则是必不可少的。”

在那一刻，企业家的注意力被她的手机吸引了，屏幕亮了起来。令人震惊的是，下面这几个字的出现就像鲜血滴落般，让她浑身战栗：

杀手要来了

“亲爱的，怎么了？”艺术家问道，这更多地揭示了他们之间日益亲密的关系。

“怎么了，发生了什么事？”莱利先生看到企业家那张苍白的脸不禁问道。

“这是……嗯……这是……嗯……这是……”她急促地说。

她跪倒在花坛里，靠近司机停放 SUV 的地方。但几乎同时，她又站了起来。

“又是一个死亡威胁。”这位企业家一边说，一边摆出一副非常自信、充满蔑视的姿态，“我不会离开，我准备好和他们战斗了，来吧！”

莱利先生喃喃地说，呼应了他第一次得知情况时在海滩上说的话。“只要全身心地投入你正在学习的知识中，并抓住成为凌晨 5 点俱乐部新成员的特殊机会，和我一起在毛里求斯继续享受快乐，我真的很高兴看到你的进步。你已经看起来更勇敢、更轻松、更平和了。祝你好运。”

“随着时间的推移，凌晨 5 点起床变得越来越容易了，”企业家说，她感觉很舒服，声音听起来也很镇定，“你分享的见解很有价值。我成长了很多。我迫不及待地想知道如何让这个习惯坚持下去，并学习‘20/20/20 公式’，这样我就知道在‘胜利时刻’该做什么了。我一直在练习瑜伽，在黎明前的黑暗中沿着海边散步，但我想在一个更具体的仪式上得到一些帮助。我知道你有秘诀，但到目前为止，这种理念非常有帮助。”

“精确的方法论即将出现。在这一点上，我只想让你们知道，我刚刚与你们分享的概念叫作‘日积法则’。胜利从一开始就注定了。掌控你的早晨，你一天的质量就会得到成倍提高，这反过来又会使你的生活质量得到极大提升。即使是在最困难的日子里，当你把事情做好的时候，你也会变得更有活力、更有效率、更自信、更优秀、更快乐、更平静。好了，现在你们俩一起去享受美好的一天吧。我喜欢诗人约翰·济慈的诗句：‘我真希望我们是蝴蝶，只活三个夏日——有你陪伴的三个夏日，好过庸庸碌碌的五十年。’很不错，对吧？”

“说得好，”艺术家一边扯着三根脏辫，拍拍自己的肚子，然后系上黑色战靴，一边说道，“完全同意。”

“那么我们明天什么时候见面呢？”莱利先生问道，他的表情证明他对答案十分有把握。

“凌晨5点。”企业家和艺术家异口同声地热情回答。

第 11 章　把握生活的朝夕

这个世界上最美好的事物是看不见也听不到的，必须用心去感受。

——海伦 · 凯勒，美国女作家、教育家

这位企业家小时候就学会了航海。她喜欢咸咸的海水拍打在她年轻脸庞的感觉，喜欢在广阔的大海上体会到的那种自由的感觉。她不明白自己为什么不再出海了。在那一刻，她也在想为什么她放弃了那么多曾给她带来内心平静的追求。她珍视这样一个事实，即在这个时刻，在一艘划过茫茫无际的印度洋的小船上，她的内心是真正放开的，而且是恣意地活着的。

“在我们的文化中，衡量成功的标准取决于我们有多少金钱，有多少成就，以及多大的影响力。然而，”企业家想，“虽然演说家和莱利先生都认为这些胜利很重要，但他们也鼓励我通过另一系列的指标来衡量我在日常生活管理方面的表现，通过我与自然力量的联系、与真实性的紧密相依、我身体的活力以及我的快乐程度。这似乎是看待成功的更好方式。既要在世界上有所成就，又要获得内心的平静。”

她在演说家的研讨会上的经历，以及她在这个原始岛屿上度过的美好时光，那里的人仍然会花时间对陌生人说“早上好”，对陌生人微笑并表现出真诚的热情，这些都继续激励和激发了她对富有成效和充实生活的真正本质有了更深层次的理解，进而在她的内心引发的变化。

企业家注意到，她正变得不那么像机器，而更像人类了。她不再强迫性地检查自己的技术能力。她从未有过这样富有创造力的感觉，从未有过对生活中的奇迹如此敏感的感觉。她从未如此清醒地意识到地球上每天赐予的祝福。她从来没有，至少她想不起自己有过这样的感激之情。是的，她对所经历的每一件事都非常感激。她意识到生活中的艰难时刻使她变得更加坚强，变得更富有洞察力、更有趣、更明智。她开始明白，一个迷人而丰富多彩的人生也许是伤痕累累的。

她向自己保证，她将利用面对投资人的挑战来提升自己的勇气。合伙人企图接管公司的打算，只会让她更加坚定地捍卫自己与生俱来的英雄主义。她已经认识到，在我们生活中不断积累的恐惧、不安全感和限制之下，这股精神就埋藏在我们的心底。她那些不值得信任的伙伴的行为只会让她成为一个更勇敢、更优秀、更正派的人。通常，反面教材比正面形象能教会我们更多，帮助我们认清自己想要成为什么样的人。而且，在这个世界上有那么多冥顽不灵的人，他们已经失去了真正的自我，她发誓要在自己的余生中为锻造卓越、坚韧和仁慈做出示范。

当企业家和艺术家驾驶着他们的小木船在清澈如水晶的海水中穿行时，周围都是珊瑚，如果撞击到珊瑚可能会很残忍。而且在远离莱利先生早上授课的海滩时，企业家发现了远处莱利先生曾建议她带新恋人去野餐的那片陆地。

她还发现自己对坐在身旁的这个大个子男人越来越有好感。虽然他们来自完全不同的世界，但他们之间的化学反应是不可否认的。仿佛是星系的碰撞，尽管他们有不同的运作方式，但他们的兼容性是她以前从未经历过的。她的母亲曾经告诉她，如果你足够幸运坠入爱河，哪怕在一生中只有两三次，也要充分去感受。

她的伴侣的艺术才华吸引了她。他想以自己的方式变得伟大的愿望吸引了她，他偶尔的强硬态度让她备感挑战，他的幽默感逗乐了她，他的共情感动了她，他的黑眼睛使她沦陷其中。

第二天凌晨5点，直升机的声音划破了一天中只有在这个时候才有的宁静。企业家和艺术家在海滩上等着，就像他们向莱利先生承诺的那样。他们紧紧地牵着手，等待着他告诉他们的下一堂课。但莱利先生不见踪影。

一个身穿天空颜色的清爽衬衫、番茄色的百慕大短裤和红色皮凉鞋的助手，从莱利先生的家里跑了出来。

“你们好，”她非常优雅地说，“莱利先生要我护送你们去他的直升机停机坪。他给你们俩准备了一份大礼，但你们得快点。请，我们时间紧迫。”

他们三人沿着海滩奔跑，沿着一条整洁的小径穿过郁郁葱葱的树木，经过一个香草花园，花园里的木牌上写着著名领袖的名言，还有一个写着“非法闯入者将被堆肥”的招牌，最后来到一片修剪整齐的广阔草地。在草地的中心停放着一架闪闪发光的直升机，它的旋翼在晨光的映衬下呼呼地旋转着。

飞机内只有一名飞行员。他戴着飞行员墨镜，戴着黑色的平沿棒球帽，身穿全黑制服。当乘客被带进机舱时，飞行员保持沉默，操纵着飞机的控制装置，并在一个破旧的剪贴板上写下了一份看似很详细的清单，上面用红色字体写着“起床，发光吧，这样就可以摆脱平庸的痛苦”。在这条线的下方有一个明显的笑脸表情符号。

“早上好，”企业家热情地对飞行员说，“莱利先生在哪里呢？”

飞行员没有回答。他调好了一个表盘，拧了一下旋钮，并在白纸上做了一个标记。

“祝你们好运，一路平安。”助手一边说，一边调整安全带，把带有麦克风的耳机紧贴在 VIP 客人的头上。

“我们到底要去哪里？”艺术家问道，又恢复了愤怒的状态。

没有回应。门“砰”的一声关上了。然后锁上，发出“咔嚓”一声。

发动机的噪声越来越大，螺旋桨加速了旋转。“嗖、嗖、嗖”的声音响了起来。飞行员似乎陷入了某种平静的恍惚状态，他推着控制杆，直升机开始在草地上空盘旋。出乎意料的是飞机急剧向左倾斜。然后，它以自由落体的方式猛烈地向地面下降，然后又猛地上升。

“彻底的灾难，”艺术家喊道，“这个飞行员太不称职了。我讨厌他。”

“先深呼吸，一切都会好起来的。”企业家说。她看上去很放松，很有安全感，一切都在掌控之中。她的晨间训练起作用了。她把艺术家往身边拉近了一些。“我在这里，我们会很安全，一切都会好起来的。”

很快，直升机就飞上了高空，平稳、高效、优雅地飞行着。安静的飞行员摆弄着表盘和控制装置，似乎没有注意到他载着两名乘客。

“我以前见过这块表。”艺术家观察到，他发现了飞行员纤细手腕上的大手表。

“就是莱利先生在研讨会上戴的那块，这真是疯了。”他用颤抖的声音说，像酷暑中的北极熊一样汗流浃背。

“掌控你的早晨就能提升你的生活。”从直升机前部传来了歌声。

“嗨，朋友们。你们早上好。喜欢成为凌晨 5 点俱乐部的成员吗？”他用粗哑的声音问道，“天哪，天哪，你们会喜欢即将到来的惊喜的。这是另一个国家，让我们再次学习传奇领袖、创意家和世界上伟大的人的早晨例行程序。”

飞行员猛地转过头来，用力摘下了墨镜，然后打了一个响亮的嗝。

是莱利先生。

“嘿，大家好。我不是有意要吓到你们两个伟大的人。你们知道，我确实有直升机飞行员执照。”莱利先生歉疚地说——当然，几乎带着歉意。

“当然。”艺术家说，仍然紧紧抓着企业家不放。

“几年前就有了，”莱利先生继续说。

“那么我们要去哪里？”企业家一边轻轻坐进柔软的真皮座椅，一边问道。

“阿格拉（Agra）。”莱利先生回答。

“这是什么意思？”艺术家问，“阿格拉是什么地方？”

“我要送你们回机场，”莱利先生说，“必须让我们在这千载难逢的冒险中继续前进。”

“我们要离开毛里求斯？”企业家失望地问。她说这话的时候，手镯晃来晃去，互相碰撞着。

“那你还有什么要和我们分享的呢？”艺术家问，“我们还没有学会你所说的‘20/20/20公式’，以彻底改变我们的生活。你告诉过我们这是‘凌晨5点法’的基础，我一直在等着学它。”艺术家争辩着，又把拳头戳进一只手中，“我真的超级喜欢毛里求斯，我还没准备好离开。”

“我也是，”企业家表示赞同，“我以为你答应过我们会详细讨论凌晨5点起床后该做什么。在演说家的研讨会上，你承诺会分享一些实用的提高效率的方法和创造财富的关键技术，这样我就可以扩大我的业务规模，建立自己的财富。我和我的爱人只一起野餐过一次，然而你用你那喧闹的音乐和浮夸的汽艇把它破坏了！”

一时间寂静无声。然后，慢慢地，直升机里的每个人都开始咯咯地笑了起来。

“放松点，朋友们！”莱利先生喊道。

“阿格拉在印度，”莱利先生解释道，“我要带你们去看世界七大奇迹之一，准备好学习‘凌晨 5 点法’的下一部分吧。我们现在准备学习高级的知识，以帮助你们实现指数级生产力、最佳表现，传奇般的领导和让世界升级的卓越生活。做好准备，在世界建设者和历史创造者的早晨例行工作中，接收你们可能学到的最实用的信息。最佳时刻即将到来。”

莱利先生熟练地将直升机降落到一架涡轮运转的私人喷气式飞机旁边。与第一架不同的是，这架飞机是全黑的。但就像把两名学生带到毛里求斯的那架一样，它的尾巴上印有“5AC”，也是橙色。

“让我们去不可思议的印度！”莱利先生精力充沛地喊道。

“我们走吧！”企业家和艺术家异口同声道。

在他们与古怪的莱利先生的非凡合作中，最有价值的一段经历即将开始。

第 12 章　探索习惯养成的法则

我讨厌训练的每一分钟。但我说：“不要放弃。现在受苦，然后以冠军的身份度过你的余生。”

——穆罕默德·阿里，美国著名拳击运动员、拳王

第二天早上的课程，是关于世界上最富有成效的领导者和执行者如何养成使他们成为超级明星的习惯，过着迷人的、冒险的、有目标的生活。为了回应莱利先生的要求，企业家和艺术家都已安排延长他们的休假时间。他们明白他们所接受的培训的深远价值，他们知道最聪明的做法是完全接受它。

“嗨，朋友们。”莱利先生一边喊着，一边跑向他的同伴。太阳羞怯地升起，映照在贫瘠而又令人兴奋的地平线上。

当时正好是凌晨 5 点。

莱利先生身穿黑色“尼赫鲁领”衬衫、工装短裤和黑色凉鞋。他笑得很开心，毛里求斯的阳光使他容光焕发。今天，他还戴着头巾。

“今天早上，我将带你们了解演说家关于建立最佳表现机制的见解，这些制度将帮助你们激活你们在商业和生活中的伟大。就像我之前分享的，让优秀者成为优秀者的不是他们的基因，而是他们的习惯；不是他们的天赋，而是他们的坚毅。今天的课程将带你们了解科学研究告诉我们的，我们必须做什么才能放弃那些削弱我们的行为，而实践那些对我们有益的行为。”

“坚毅是什么？”企业家问道，注意听着莱利先生说的每一个字。今天，她扎了个马尾，穿了一双轻便跑鞋。

莱利先生说：“这个术语是由社会心理学家安吉拉·达克沃斯推广开来的，她研究了商业、教育、军事和体育领域的精英。她发现，最富有成就的成功者之所以如此伟大，不是因为他们与生俱来的天赋，而是因为他们的投入程度、自律、适应力和毅力。她用‘坚毅’来形容这些特质。”

“很酷，兄弟，”艺术家说，“这激励着我，当我遇到自我怀疑时不要放弃。或者当我因为缺乏进步而感到沮丧时，或者当我害怕时，同行们会嘲笑我，因为我创作的是新鲜、原创的艺术，而不是复制和衍生的。”

莱利先生说：“让我们言归正传，继续寻找最有效的方法来养成持久的世界级习惯，而不是那些在尝试几周后就会消失的习惯。当然，今天早上的培训课程对你们来说非常重要，尽管你们现在每天凌晨5点起床，但我希望这种实践成为一生的例行程序。对了，建立世界级习惯的一个重要部分是学习专业人士如何建立非凡的自制力和释放罕见的意志力。所以，我们应该从那里开始。”

这三个人正站在泰姬陵前。他们是孤独的。当他们凝视着这座建筑时，感到它是难以形容的崇高，而这正是建筑大师与工程专家所获回报的真实见证。

莱利先生左手拿着一个大水瓶，水瓶上面印着一句话。他津津有味地念给两个学生听：

英雄不会在安逸时期变得伟大。在逆境、困难和怀疑的风暴中，我们这个世界上伟大而高尚的灵魂变得坚强、勇敢和有道德。正是在你面对自己最深的劣势的那一刻，你才有机会塑造自己最强大的优势。因此，真正的力量不是来自安逸的生活，而是来自一种强烈的努力、专注的自律和行动的方向，朝着你所知道的正确方向前进。在你想停下来的时候继续前进，在你渴望放弃的时候继续坚持，在你想要放弃的那一刻坚持下去，就是要求自己成为伟大的勇士和可敬的人物中的一员，通过自己赢得的无敌力量带领人类走向更美好的地方。

“哇，”艺术家惊呼，“是某个伟大的诗人写的？”

“不，”莱利先生说，“这些话都是我说的。”然后他向空中举起一只手。

接下来，从清晨的薄雾中出现了一个衣着完美、非常迷人的女助手。“您回到印度了，我们都很高兴，先生。我们都很想念您，”她说，“这是您要的东西。”

莱利先生微微鞠了一躬，对他的助手友好地笑了笑，接过了助手递给他的一条精美的羊绒披肩，并在阳光下展开了它。羊绒是产自克什米尔地区的一种优质羊毛。“羊绒”这个词在克什米尔语中是“软黄金”的意思。

羊绒披肩的布料上已经有了精细的针脚，当两个学生更仔细地观察时，可以看到披肩上缝着意志力战士的“5-3-1 信条”，下面是一系列的解释说明。这一切都很独特。

下面是手工缝制的文字：

优秀习惯背后的 5 个真理

真理 1：世界级的意志力不是与生俱来的力量，而是通过不懈的练习培养出来的技能。凌晨起床是完美的自我控制训练。

真理 2：个人自律如同强健的肌肉。你越拉伸它，它就长得越结实。因此，自律的武士积极创造艰苦的条件来培养自己的自然力量。

真理 3：和其他肌肉一样，意志力在疲劳时会减弱。因此，恢复对于表达力的精通是绝对必要的，而且需要管理决策疲劳。

真理 4：成功地养成任何好习惯都要遵循一个独特的四部分模式来实现日常工作的自动化。明确地遵循它以获得持久的结果。

真理 5：在你生活的某个方面加强自我控制，你就能提升在你生活的所有方面的自我控制能力。这就是为什么加入凌晨 5 点俱乐部是一个改变游戏规则的习惯，它会提升你所做的一切。

卓越习惯养成者的 3 种价值观

价值观 1：坚持不懈。

价值观 2：有始有终。

价值观 3：内外兼修。

斯巴达人的自律通论

在感觉最不舒服的时候，有规律地去做那些困难但重要的事情——这就是战士诞生的方式。

莱利先生闭上眼睛，重复着这句话："我不希望过安逸的生活，因为我的能力在那里得不到增长。请赐给我一种充满挑战的生活，一种能激发出我最好一面的生活。因为这会造就我钢铁般的意志和坚韧不屈的性格。"

"这条披肩是我送给你们的礼物，"莱利先生继续说，"请务必研究上面的 5 个真理和 3 种价值观，以及一条构成意志力战士的'5-3-1 信条'的通用理论。当你们养成持久的习惯时，它将给你们带来巨大的帮助。"

"当我看着泰姬陵的时候，它对我的内心产生了某种影响。"艺术家凝视着眼前闪闪发光的大理石外墙喃喃自语道。清晨的阳光照在他的眼睛上，他眯起了眼睛。他看起来比企业家曾见过的他更健康、更冷静、更自信、更镇定。

“我也是，”莱利先生附和道，声音里带有一丝忧郁，“参观泰姬陵不只是一次智慧的旅行，也是一种精神的复活。它甚至能唤醒迟钝的人，让他们意识到我们作为人类能够创造什么。没有实际行动的野心只是一种荒谬的妄想。你们两个现在更清楚地认识到，任何人想成为传奇人物都需要勤奋和毅力。精通某事不能靠灵光一现，而是一个持续不断的过程，可能需要多年的艰苦的精工细作、实践、牺牲和痛苦才能完成，并且强化到改变世界的水平。”

“这又是另一个巨大的竞争优势，”莱利先生继续说，“要忠于你崇高的理想，不仅是在你想出这个梦想后的几周内，而且在漫长的几个月，甚至更长的几年里，在干枯的沙漠中富有创意地执行，忍受着拒绝、疲惫、嫉妒的同伴扔来的石头、你所爱之人的怀疑、被其他有吸引力的机会转移注意力，并在自我怀疑的孤独中寻找自己的出路。这就是失败者与偶像的区别所在。任何人都可以做一分钟的伟人。运动明星是在一生中保持天才级别的表现。这需要非凡的毅力和耐心，而在这个肤浅的时代并不常见。遗憾的是，当今社会的大多数人都未能培养出这种能力。明白我的意思吗？”

莱利先生活力十足，精力充沛，精神饱满。他向空中举起一只手臂，并摆出世界通用的胜利手势。

莱利先生继续说道：“顶级生产者习惯于做普通人不喜欢做的高价值活动——即使他们自己也不喜欢做。通过一遍又一遍地练习他们想要达到目标的行为，他们的自制力和自律水平都得到提高。新的日常例行程序变得自动化。”

艺术家点了点头，然后捋了捋他的山羊胡子。他在思考他的艺术。

“我真的因为缺乏安全感而一直在限制自己，”他又一次想，“我非常担心别人会怎么评价我的作品，以至于我没有进行足够的创作。莱利先生是对的。我没有耐心，也没有建立起做困难但有价值的事情的自制力。我只是随时随地地做我想做的事情。有时我会有一些动力，而有时我会睡一整天。有时我很懒，而有时我工作很努力。我就像一个浮在水中的软木塞，没有固定的方向，没有真正的结构，没有真正的自律。”

“那些鸽子、彩虹和蝴蝶似乎经常围着你转，这是怎么回事？”企业家一边调整着身上的T恤，一边追问道。上面有一句奥斯卡·王尔德的名言，似乎正符合这位企业家新获得的认识。上面写着：“做你自己，因为别人都有人做了。”

“我们都有魔力。只是我们大多数人不知道如何使用它。”莱利先生简短而神秘地回答道。

企业家透露道，“非常感谢你把我们带到阿格拉。非常感激你。”

“你们应该好好想想，无论遇到什么困难，都要坚持养成一个新习惯。对你们的理想保持真诚。不仅是在舒适的季节，特别是在一切变得更加困难的时候。这就是为什么今天早上的培训是如此重要。今天的课程并不是关于为什么你们应该养成日出之前起床的习惯，它更多的是关于你们如何完成这个例行程序，并将此作为终身的制度。”莱利先生一边揉着耳垂，一边解释道，就像一个想象力丰富的孩子在擦着一盏神灯一样。

“太棒了，”艺术家说，“我需要这个。这些实用的方法可以确保我在这次冒险结束后不会停止在凌晨5点起床。”

最大限度地表达你最耀眼的天赋

随后，莱利先生开始了他的演讲。

“在世界的生命线上，这是一个迷人、引人入胜、令人困惑和兴奋的时期。对那些在每天早晨作为受害者出现的人来说，未来将是非常艰难、危险和可怕的，因为他们不知道是什么打击了他们。在应对即将到来的环境、经济和社会的巨变时，他们将完全得不到保护。然而，对少数专心致志的人来说，他们已经习惯了用一个坚不可摧的早晨来捍卫他们的天赋资产，培养了英雄般的自制力，并通过严格训练，培养了一种坚不可摧的性格，那么其未来生活将是异常丰富、和谐和多产的。那些通过精心打造一个世界级的早晨例行程序来抵御人生动荡的人，实际上将能够利用所有的混乱来创造巨大的机会，并将所有的混乱转化为一种至高无上的安宁、有序和平静，使他们能够获胜。”

莱利先生揉了揉他的头巾，然后，出于他的两个学生都不知道的原因，开始低声说话。

“我在这里要分享的第一个观点是，你的大脑是为扩展而构建的。是的，那些困在个人生活中的人，以及那些在‘绝不可能’心态下工作的人，他们认为自己不可能通过养成良好的习惯，比如成为凌晨5点俱乐部的成员，来获得所需要的改进。他们不可能为了达成提高自己的创造力、生产力、表现力和影响力的目标而战斗到死。他们会试图让你相信他们无法实现惊人的壮举和展现精致的个人生活。长久以来，他们放弃了去改变，相信自己无能为力。长时间忽视你的力量，你最终会相信你没有任何力量。但是，他们的现实情况是完全不同的。事实上，这样的人——善良的、仁慈的、才华横溢的人——让他们的自我的力量经常被破坏，以至于他们屈服于一种极度被动的状态。是的，大多数人都是被动的，而不是积极地去实现自己的抱负。然后在不知不觉中，他们编造了一系列的借口，解释为什么他们不能成为在工作中的领导者，不能成为生活中的有力创造者，因为他们太害怕失去安全感，不敢做出能让他们获得荣耀的改进。”

莱利先生停下来深吸了一口气。接着，他继续说道：

“科学研究现已表明，我们的大脑可以在一生中持续发育。这种绝妙的现象被称为神经可塑性。这也说明了一个事实，就像个人意志力一样，我们的大脑特性比我们之前想象的更加类似于肌肉。从某种意义上说，它是可塑的，努力推动它，它就会拓展，而弯曲它，它就会延伸并变得更强大，所以你可以用它来最大限度地表达你最耀眼的天赋。因此，你要保证积极锻炼你的大脑，使早起等新习惯成为你的新常态。一起被激活的神经元总是连在一起的，当你不断重复你希望纳入你的生活方式的日常工作时，它会变得更轻松也更熟练。这一点非常值得深思，接下来就该采取行动了。”

企业家兴奋地说道：“我们越多地练习一种新习惯，我们的大脑就越会与我们合作，并逐渐使它成为我们的一部分。对吗？”

“是的。”莱利先生回答说。他喜欢看到他指导的两个人是如何通过他的分享而进步的。真正的领导者总是在发现别人的才能时感到非常快乐。

“一个很鼓舞人心的想法，”他继续说道，手指现在放在了这座世界奇观的墙上，“你想拥有的优秀头脑不是生来就有，而是要靠后天努力去赢得。或者换句话说，基于你对大脑的使用情况，你没有获得你想要的大脑，你没有获得你应得的大脑。当你聪明地使用你的大脑，扩展它的极限，像大师一样运行它时，它将扩展和增加连通性，给你的生产力、表现力和影响力带来积极效益。研究人员对伦敦出租车司机的大脑进行了研究，结果发现，他们负责空间推理的海马体区域比普通人的要大得多。猜一猜，这是为什么？”

“因为伦敦街道系统的复杂性。”艺术家自信地回答。

“你说对了，”莱利先生鼓掌道，“所以，就像你在健身房通过举哑铃或做俯卧撑来锻炼肱二头肌一样，伦敦出租车司机每天开车时都会锻炼他们的海马体。考虑到大脑的特性比神经解剖学家之前所理解的更像肌肉，它的那一部分也就变得更强大了。看到我们人类有多强大了吧？这是关于神经可塑性的恰如其分的例子。大脑可以被强化、塑造和优化——如果我们选择这样做。你们回家后，可以研究一下这个现象和神经产生的神奇过程，这个神奇过程揭示了大脑生成新神经元的自然能力。新兴的神经科学解释了今天活着的每一个人都可以获得掌控力，无论他们住在哪里、年龄多大、从事什么工作或者他们的过去有多艰难，这真是太令人兴奋了，简直难以置信。”莱利先生激动地说。

“总之，”他补充说，“现在，请大家知道大脑是具有可塑性的。伟大的人之所以伟大，是因为他们真正明白，每天的不适工作或活动是取得持久成功的代价。这种对自己的鞭策会让我们的大脑产生仿佛军人一般的自律性。超级创作者能过着安逸的生活简直是一个神话！”

莱利先生把手伸进口袋，掏出了一个密封的信封，递给了企业家。

“请打开这个，带着你满怀的信心和热情把它读给我们听。”莱利先生礼貌地指示道。

在一张叠得整整齐齐的精美信纸上，企业家发现了著名哲学家弗里德里希·尼采的话：

不要谈天赋，不要谈天生的才能！人们可以举出各种各样没有什么天赋的伟人。他们取得了伟大成就，成了“天才”（正如我们所说）。他们全都拥有高效工作者的严谨性，在冒险打造一个伟大的整体之前，首先学会恰当地打造好各个零部件；他们留好时间去做这件事，因为他们更喜欢把次要的小事做好，而不是把一个令人眼花缭乱的整体做好。

“把这一页翻过来。”莱利先生要求道，他的眼神里透露着笑意。

企业家又读了第二句话，她猜测这句话是用深蓝色钢笔工整地写下的。这句话出自英国诗人威廉·欧内斯特·亨利。想象将这些话注入你的灵魂最深处、最纯洁的地方：

无论，那命运之门多么狭窄
无论，将承受多少滚滚而来的惩罚
我，是我命运的主宰
我，是我灵魂的统帅

“大师、天才和英雄都过着艰苦的生活，”莱利先生补充道，“他们艰苦训练。他们‘忍受着痛苦比赛’，这是如今许多超级运动员使用的术语。他们极力发挥自己的潜力。当涉及他们最大的潜力时，他们雄心勃勃，永不停息。他们为技能的提高而受苦，为积累自己的力量而做出牺牲。他们忍受着巨大的痛苦，因为他们为提高自己的技艺而放弃了诱惑。这些光彩夺目的表演者也是在为改善这个世界的状况而受苦。”

突然，莱利先生跪了下来。他平躺在地面上，闭上眼睛，双臂交叉在胸前。然后他开始打呼噜，声音很大。

“兄弟，你现在到底在干什么？”艺术家问道，感到既困惑又有趣。

“自寻不适。”对方很快回答。打鼾声更大了。

“我要我的泰迪熊！”他大叫，“还有我的睡衣。”接着，他开始吮吸大拇指。

“他简直难以捉摸。”企业家笑着说，显然是被这个特立独行的人的又一个幽默举动逗乐了。

此刻，莱利先生正微笑着，显然对他的喜剧技巧和与众不同的教学能力感到印象深刻。

躺在地面上，他说："培养意志力的唯一且最好的方法就是自愿地让自己处于不舒服的状态，演说家把这称之为'强化场景'。在我很年轻的时候，当我不想去做需要做的事情时，我命令自己去做事的能力要弱得多，我很容易向自己微小的欲望屈服。我的自律肌肉非常松弛，因为我没有锻炼它们。演说家知道我需要变得更强壮，这样我才能养成凌晨5点起床的日常习惯——在某种程度上，这种习惯一直伴随着我的整个职业生涯。所以，他让我主动地置身于艰难的处境中。这就像魔法一样奏效了。"

莱利先生站了起来。

他说："这正是自从我们来到泰姬陵后我一直在说的：你有能力取得世界一流的自控能力。科学研究证实了这一点。真正的关键是推动你的大脑开发新的神经通路，迫使你的意志力肌肉伸缩，有意识地将这些天然资源发挥到最高水平。这就是任何人都可以变得如此强大、勇敢和不可战胜的原因，无论他们面临什么障碍和经历什么困难，他们都会继续追求实现他们的光辉目标。听着，你需要勇敢——以及为了充分展示你们的伟大而必须做困难的事情的能力。所以，我强烈建议你们开始通过做更苛刻的事情来压制你们心中的'恶魔'，杀死你们的'恶魔'并且拥抱你们的'怪物'。这是通往成功和让自己引以为豪的个人生活的最可靠的途径之一。"

莱利先生停顿了一下，然后做了一件他的两个学生从未见过的事。他吻了吻自己左手食指和拇指之间的肌肉区域。"顺便说一句，在你能举起这个世界之前，你得先爱你自己。"他咧嘴笑着喃喃自语道，然后继续他的指导。

“研究证明，训练自己，从而使你的意志力变得最大化是史诗般人生的最高成就之一，”莱利先生继续说道，“威尔士探险家亨利·莫顿·斯坦利注意到自制力比火药更不可或缺。”

“绝对鼓舞人心。”企业家附和道。

“看，”莱利先生说，“这是一个神话，著名的运动员、传奇艺术家和受人尊敬的政治家天生比我们有更多的意志力。这只是一个弥天大谎。事实上，这些与众不同的人最初都是普通人。通过不懈的练习和不断的训练，他们养成了良好的日常习惯，他们克服欲望和诱惑的能力越来越强，直到周围的人将他们视为超人。”

“每天看似微不足道的改进，如果持续一段时间，会产生惊人的结果。”艺术家评论道，愉快地背诵着他在这次奇妙的旅程中接受的宝贵的思维信条。

他伸出手，握住了企业家的手。

“真正的天才一开始也都是普通人。但他们如此频繁地练习增强自己的力量，以至于自动化地出现在了世界级的舞台上。演说家教给我的另一个思维信条是：传奇的表演者长时间练习精彩的表演，以至于他们不再记得如何以不精彩的方式表演。”

“那么，实际上，我们该从哪里开始呢？”企业家问道，“我知道我们俩都想要更加自律，想要拥有持续一生的好习惯，尤其是凌晨 5 点起床。”

“请跟我来。”莱利先生指示道。

习惯是如何形成的

莱利先生领着他们穿过纪念碑的走廊，经过一个个昏暗的房间，进入一个小房间。房间的一个角落里放着一块黑板。他拿起一支粉笔，开始画图（见图 12–1）。

“这个简单的模型是基于对习惯如何形成的最新研究，”他开始说，“你们的出发点是创造某种触发器。要把早起的习惯融入你们的早晨，这可以很简单，就像在你们的床边放一个老式的闹钟，设置在凌晨5点响起铃声。等我们到了罗马，我会解释为什么你们的卧室里不应该有任何科技产品。”

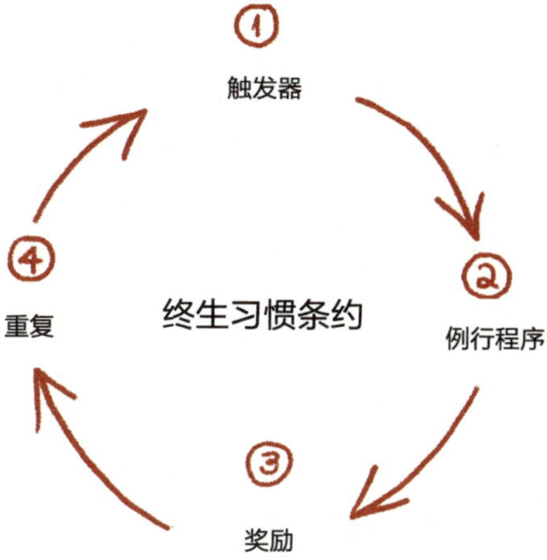

图 12-1　习惯是如何形成的

“罗马吗？”企业家和艺术家同时喊道。莱利先生没有理睬他们。

“一旦你们有了闹钟作为触发器，下一步——正如可以从图中看到的——就是运行你想要执行的程序。”

“所以，我们就直接起床，对吗？”企业家问道。

“是的，”莱利先生说，“这听起来很明显，在你的推理大脑——前额叶皮层——能给你一堆理由来解释为什么你应该继续睡觉之前，直接从床上跳起来。正是在这个时刻，起床后，你通过神经可塑性的力量，在大脑中建立起了早起的神经回路。记住：随着时间的推移，一起发出信号的大脑通路会连接在一起，形成一条强大的神经通道。就在你躺在床垫上或者站起来以一种良好的方式开始你的早晨的那一刻，你就有机会让你的意志力变得更强大。刚开始可能会很不舒服。”

“所有的改变一开始都是艰难的，中间是混乱的，最后是华丽的。”艺术家打断道，强化着另一个演说家的思维信条。

“是的，”莱利先生同意道，“图 12-1 中的四部分模式的下一步是确保你有一个预设的奖励。奖励会启动并增强你养成新习惯的动力。总是谨记利用奖励的力量来推动你的成功。因此，让我们假设你做了你知道是正确的事情，而不是按照简单的方法做容易的事情——一旦闹钟响起，就快速起床。我会详细解释在凌晨5点到6点的‘胜利时刻’该做些什么，我会带你学习‘20/20/20公式’。”

“伙计，你打算教我们吗？”艺术家又打断了他的话。

“‘20/20/20公式’是明天早上的培训课程的主题，”莱利先生极其优雅地说，“现在，让我们专注于第三步。你需要设置一个奖励。这就是著名的意志力研究者告诉我们的，这对于养成坚持的行为习惯至关重要。你在太阳升起时得到的奖励可以是将一块美味的黑巧克力作为午餐甜点；也可以是在一天的晚些时候小睡一会儿，这是地球上最伟大的创作者喜欢的另一个仪式；还可以是你一直想为你的图书馆买的书。你可以找到适合自己的方式。”

“明白了。”企业家说道。她现在确信，所有这些信息将极大地提升她的商业竞争力，极大地提升她的心态、心境、健康态和灵性态，引领她进入真正卓越的生活。

“很好。这就引出了模型的最后一点。”在泰姬陵的那个房间里，莱利先生一边说着，一边用粉笔在黑板上写着“重复”二字。

“要消除自我最微弱的冲动并且从阻碍你发挥最佳水平的欲望和诱惑中解放自己，方法就是不断重复你努力培养的新行为。我想到的词是‘坚定不移’，要坚定不移地致力于成为凌晨5点俱乐部的终身会员。全神贯注、毫无理由地遵守这个改变人生的自我承诺。每一次你坚持到底，你都会加深与你至高无上的自我的关系。每当你黎明时分起床，你都会净化你的心灵，增强你的意志力，放大你的灵魂之火。”

“今天早上，在我让你们离开之前，我想讲剩下的一个学习模式，它将让你们非常清楚养成一个习惯是如何遵循一个为期66天的过程的。不过，在此之前，我想分享一些关于自律的快速实践要点。”

“太好了，”艺术家回答说，“今天的课对我来说意义重大。我知道它会帮助我战胜拖延症，我也相信它会提高我的艺术造诣。我已经在调整自己的身体素质方面取得了进展。”

“是的。”企业家眨了眨眼表示赞同。

“谨记，意志力一旦疲惫就会减弱，科学家称这种情况为‘自我损耗’。瞧，你每天早上醒来时的自制力都很强。这就是为什么我希望你在自制力最强的时候——凌晨5点——做那些对你内在帝国的崛起最重要的事情。事情是这样的：当你度过你的一天，参加会议、查看信息和执行任务时，你的自我调节能力下降了，你处理诱惑和管理微弱冲动的能力也下降了。人类自律的肌肉会因为决策疲劳而感到疲惫，这就解释了为什么如此多的成功人士最终会做出一些愚蠢的事情，毁掉他们的职业生涯。因为他们整天都在做重要的决定，他们向导致他们失败的冲动屈服了，到了晚上，他们已经没有足够的意志力来控制自己的欲望了。”

“所以，关键在于休息和自制力的恢复，”莱利先生解释道，“永远不要让它太累。当你最累的时候，你的意志力真的是最弱的。这一点至关重要，必须要时刻铭记，当我们精疲力竭的时候，我们会做出最糟糕的决定和最低级的选择。”

莱利先生开始咳嗽起来。这是一种令人担忧的、沙哑的咳嗽，不寻常的咳嗽。

“也许这就是为什么那么多所谓的天才每天都穿着同样的制服，”艺术家评论道，“他们想要维持生活的秩序和结构，他们明白，每天早上醒来后所拥有的意志力和注意力都是有限的。”

“好了，”莱利先生说，“你们现在很清楚，‘所有的改变一开始都是艰难的，中间是混乱的，最后是华丽的’。这个洞见应该很快就会成为你们心中的默认信念。现在，让我们将演说家的一个强大的思维信条解构成一个有效的模型，它解释了每个习惯养成所经历的三个阶段，这样你们就有更多的力量来确保和锁定黎明起床的体系。你们一定会喜欢即将学到的东西。”

“我们保证。”企业家和艺术家一起表示。

重塑习惯的轨迹：从破坏到混乱再到整合

莱利先生带领这三个人进入大楼，其中一名安保人员走了进去，从背包里拿出一张图（见图 12-2）。他用手电筒照了照，好让大家看到上面印着的内容。

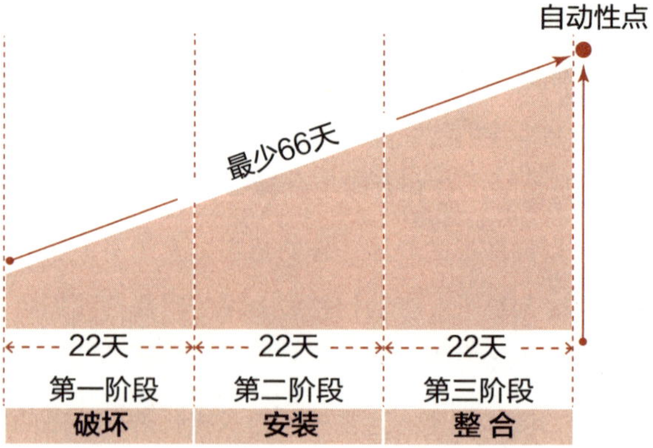

图 12-2　习惯养成协议

“在对任何一个新习惯进行初期编码时，你都会经历一个初始的‘破坏’阶段，”莱利先生指着图中的第一阶段说，“坚持下去，你肯定会进入第二阶段，新的神经通路形成，习惯的真正驱动开始了。这是一个混乱的中间阶段。最后，当你坚持把任何新鲜的例行程序变成你的日常生活方式时，你就会到达最后一个奇妙的阶段：整合。根据伦敦大学学院的研究数据，整个过程大约需要 66 天。演说家在他的教学中将这一强有力的事实称为‘最少 66 天’，66 天的训练让你养成一个新习惯。要想成为凌晨 5 点俱乐部的一员，要坚持你的自我承诺至少 66 天之久。

“你看，所有的改变一开始都很艰难，这就是演说家将第一阶段命名为‘破坏’的原因。如果一开始不艰难，就不会有真正的改变。这本就应该艰难，因为你在改写过去的思维模式，摧毁旧的运作方式，重塑你心灵和情感的旧程序。”

莱利先生肯定地说，“养成任何新习惯的第一阶段——‘破坏’阶段。你需要克服根深蒂固的习惯、僵化的例行程序和传统的表现状态。你需要超越自身的重力，直到你的逃避速度开始起作用。万事开头难。我不想对你们撒谎——你们在我身边的这些日子里，每天凌晨 5 点起床都做得很好。但在第一阶段的前 22 天里，你们会遇到瓶颈。这没有什么不对——只是习惯养成过程的一部分，任何追求最高效率和更丰富生活的人都必须经历这个过程。对大多数准备黎明前起床的人来说，第一阶段的每一天都是艰难的。他们想要放弃，他们抱怨早起不适合他们，他们不适合这样的日常生活，不值得为此受苦。我的建议很简单：不惜一切代价地继续。坚持是精通的门槛，感觉最难的事情也是最有价值的事情。记住，我们文明中最伟大的成就者和最伟大的英雄，正是通过做那些至关重要的困难事情才获得力量的。也请记住这条规则：当面临选择时，一定要选择最能推动你、促进你成长、促进你发挥天赋、才能和个人能力的那个。最初的 22 天应该感觉像是经历一种轻度的折磨。”

“因为第一阶段就是摧毁旧的生活方式，以便建立新的生活方式，对吧？”企业家问。

“没错，”莱利先生点头证实道，“你以前做不到的事情，并不意味着你现在也做不到。”他补充道：“我需要重复我说过的话，这样你们就能完全记住：如果一开始不难，它就不会是真实的、有价值的改变。人们普遍接受了这样一种观念：因为一开始就很难，所以认为正在进行的是不好的事情，于是倾向于停下手头的事，然后回到以往的安全舒适区。在那种运作模式下，获得增长和向传奇发展的可能性都是零。绝对是零。”

然后，莱利先生向安保人员要来了手电筒，并把手电筒的光聚焦在学习模型中与第二阶段常规化相关的部分。“谢谢你，克里希纳。”他补充道。

“看这里——所有的改变在中间阶段都是混乱的。第二阶段被称为‘安装’，因为这就像你正在经历一场室内翻新，需要将以前的地基拆掉，这样才能建立起更好的地基。这个阶段会让你感到困惑、压力增大并且沮丧。你甚至更想放弃，并且认为加入凌晨5点俱乐部是一个糟糕的决定。你会渴望回到你温暖的床上，在睡梦中数更多的绵羊。你只需要知道并且相信一切都是好的，真的很好，虽然你还看不出来，但你在养成终身早起习惯的过程中又前进了一步。接下来，事情会变得更加容易，真的会。你刚刚经历了流程的第二阶段，这个阶段只会让人感觉很混乱，但它只是看起来很混乱。事实上，你正朝着美好的自己发展，并且正在接近一个全新的表现层次。著名心理学家卡尔·荣格说：‘在一切混乱之中都有一个秘密的秩序。’

“所以，当你把这个无价的新早晨例行程序连接起来时，你的整个大脑结构真的会发生巨变，因为你制造了新的神经通路。你的整个身心系统真的在重组，你正踏入一个非常陌生的领域，仿佛是萌发的绿芽探索大地、蓝色的海洋拥抱未知，你正在征服自我潜能的新领域，并且正进入人类优化的更高阶领域。此时，皮质醇这种压力激素会分泌增多，所以你很多时候会感到害怕。你大脑中所发生的一切都在消耗巨大的能量储备。因此，在习惯养成的第二阶段，你会经常感到筋疲力尽。古代的圣贤、先知和哲学家把这种深刻的个人转变称为‘灵魂的黑夜’。曾经乱糟糟的毛毛虫，也几乎是神奇般地变成了蝴蝶。神秘主义者将深刻而真实的变化描述为一段包含一系列小‘死亡’的旅程。旧时的你必须死去，这样更好的你才能重生。演说家说：‘要想升级成为伟大的人，你必须经历消灭弱点的过程。’我承认，这话说得有些夸张，但演说家说的是真话。在第二阶段，有时你甚至会觉得一切都要崩溃了，但实际上，一切都在逐渐成形，甚至是变得更好。这个过程的第二阶段要停留 22 天左右。你只需要记住，不可思议的回报即将到来。”

“我喜欢你刚才说的一切，”艺术家插嘴说，“我要在我的余生中养成早起的习惯，即使尝试的过程非常困难。”他向自己保证。

莱利先生沉默了。

“我经历过很多次这种脱胎换骨的蜕变。每当我养成一种新习惯，或者掌握更强的技能，抑或形成一种更高层次的核心信念，我就进入了这个‘死亡—重生’的循环。这种感觉就像末日来临一样，有时会很害怕，会有一段时间很累，会被自我的黑暗声音所迷惑。有时甚至觉得自己要疯了。正因如此，很少有人做这项工作，这是一项只为真正的勇士准备的挑战。这需要巨大的勇气、强大的信念和非凡的性格的力量。不过，你拥有这一切，只需要下定决心去运用它。

“好了，”莱利先生一边说一边拍着手，就像一位鼓舞人心的足球教练，“我知道你们理解得很好。那么，我们继续来探讨。坚持通过打破旧模式来养成新习惯的过程发生在第一阶段。然后在第二阶段，继续通过大脑可塑性和在情绪中枢中制造更好的路径来形成新的神经回路。这样做的话，你肯定会到达第三阶段，也就是提升的最后一部分：整合。

记住：所有的改变一开始都是艰难的，中间是混乱的，最后是华丽的。”

莱利先生停顿了一下，温柔地笑了笑，然后摸了摸自己的脚趾。他又吻了吻自己手指间的位置。然后继续他的讲解：

“这个最终阶段是一切都汇聚在一起的时候，你会体验到承诺成为凌晨5点俱乐部终身会员的好处。你已经接近人类大脑和生物编码程序所需的大约66天周期的终点。所以现在是成功的时候了。你已经通过了最初的‘破坏’，撑过了中间阶段的险阻和混乱，已经从通路另一端走了出来，你变得更强大、更熟练，更接近你最至高无上、所向披靡的天性。现在的你是最伟大的自己的更新版本，因为你拥有了更多的英雄主义本能，能够大展拳脚，以榜样的光辉力量影响更多的人并且变得对世界更加有用。在这个阶段，你所有的努力、牺牲和痛苦、谨慎的坚持和卓越的勇气都汇聚在一起，塑造了你在心理、情感、身体和精神层面上的全新习惯，成为你的新常态。”

“新常态？”艺术家好奇地问道，“生活变得容易了？”

莱利先生突然趴在泰姬陵的大理石地板上并开始做更多的俯卧撑。他看起来有点像一个正在为重要比赛进行训练的拳击手。

“你现在到底在干什么？”企业家笑着问道。“他比我想象得还要疯狂，”她想说，“我确实喜欢他。”

“生活的意义在于成长：要不断激发自己的潜能。我每天做俯卧撑，不仅能让我处于一种不断优化的状态中，也能让我保持年轻、快乐和富有活力。无所事事只会扼杀人的精神。”

莱利先生站了起来。

“一个新习惯的养成，势必会为下一个新习惯养成带来绝佳的机会。每天做一千个俯卧撑是一项能够让我坚持下去的习惯。不断提高强度，不断提升我的心态、心境、健康态和灵性态，使自己能够达到一个最佳状态。说实话，我不害怕失败，这只是学习飞行的一部分。我只是害怕自己没有进步。”

“明白了。”企业家一边说，一边在笔记本上疯狂地记录。

随后，莱利先生用食指在教学模型上划了一下，然后指着写下“自动化点位”的区域。

“令人兴奋的是，一旦你达到了自动化点位，你就会毫不费力地在凌晨5点起床。新体系已植入你的生活运作系统中。在黎明前醒来已成为你的第二天性，而且这很容易形成。在这66天左右的时间里，你的卓越和奉献为你带来了真正的礼物：养成早起习惯的意志力现已被释放，并且能够助力你塑造更多优秀的品质，所以你现在更有机会变得更加高效、创新、快乐和成功。这是所有职业运动员隐藏的秘密，但这并不是说他们比普通人更自律，只是他们在66天里增强了控制冲动的能力，直到取得比赛的胜利。在那之后，他们将自己的意志力转移到其他可以提高专业水平的事情上，这是另一个能帮助他们驾驭所在领域并取得胜利的实践。不断培养新习惯就是职业选手所采用的竞技方式。随着时间的推移，他们的获胜行为变得自动化、系统化、制度化。一旦这些行为模式被定为规定，执行起来就不再需要付出任何努力。这些超级明星经常练习助力成功的习惯，甚至已经到了忘记不去这样做的状态。”

“他们到了一种自动化的状态。”企业家评论道。

“完全正确。”莱利先生回答道。

艺术家很兴奋地说：“这对我个人以及作为艺术家的工作都很珍贵。所以我完全理解这个过程，破坏、安装、整合——每个阶段都需要22天，对吗？”

莱利先生说：“是的。在大约66天的时候，它会形成一种自动化的例行程序。这就是‘自动化点位’，因为习惯的养成大约需要9周的时间。不要在一周之后就放弃在凌晨5点起床，也不要当事情变得杂乱无章时就放弃。在整个过程中坚持不懈，经历所有的考验和挑战，就像沙贾汗和他的工人建造泰姬陵时所做的那样，把它建成世界奇观之一。成功需要注入耐心，成为天才需要时间，请保持专注，在太阳升起的时候，在大多数人睡觉的时候，为自己留出一个小时来发展你的四个内在帝国，这将帮助你实现你内心渴望实现的所有外在帝国。不要忽视内心深处对你的召唤：充分发挥你的才能，放大你惊人的优势，增强你的快乐，发现你内心的宁静天堂，这是任何外部事件都无法阻止的。"

企业家微笑着说，"棒极了！这就解释了为什么很少有人拥有应具备的习惯。他们只是没有在初心中坚持足够长的时间。"

"是的，"莱利先生表示赞同，"这就是知识与教育、学习与成长如此重要的原因。大多数人不知道这种改变生活的方式，以及我向你们揭示的关于习惯的实际见解。因为他们不知道，所以他们无法应用。无法获得知识就会导致潜在的资力不足，不论我们如何定义成功，其实我们生来便怀揣着对成功的渴望。遗憾的是，我们大多数人从未接受过演说家教给我的哲学理论和方法论。但我现在也把它们传授给你们。"

然后，企业家停下了脚步，她现在也明白了，世界上还有比财富、赞誉和名望更重要的东西。

企业家思考道："没有什么比我的幸福更珍贵，没有什么比我内心的平静更无价。"

"不管怎样，"莱利先生喊道，声音大得不合时宜，"三个终极且极其实用的策略会帮助你养成新习惯。我在这个问题上花了很多时间，因为它对个体成功至关重要。我将快速向你介绍三种经研究证实可以帮助你坚持凌晨5点俱乐部的习惯的技巧，然后我们就离开这里。"

他拿出手电筒，把光线聚焦在房间的天花板上，其上慢慢浮现出以下思维信条：

1. 要让习惯长久持续下去，不要只说不做。

2. 老师学得最多。

3. 当你最想放弃的时候，正是你必须继续前进的时候。

莱利先生又笑了笑说："很简单的提示，对吧？非常简单，因为它们都很深刻。第一点是在提醒你，在群体中共同参与的仪式是最有效的。这就是成为凌晨5点俱乐部的一员是如此强大的原因。"

莱利先生咳嗽了一下，然后揉了揉似乎有些疼痛的胸口。他假装没人注意到，继续说道：

"第二点会提醒你，把从我这里学到的哲学和方法论教给别人。"

"我从来没有这样看待过问题。"企业家说。

"这是真理，"莱利先生说，"你在天花板上看到的最后一条是最重要的。记住，坚持对于任何内容的掌握都是必要的。在你觉得自己进行不下去的那一刻，存在着一个巨大的机会，可以帮助你锻造出一种全新的意志力。当你觉得无法继续时，再坚持一下，如此你的自制力会大大增强，自尊程度也会大大提高。对于提高指数级的生产力、领导你所在的领域、创造你喜欢的生活来说，没有什么比提高对自己的欣赏更重要的了。"

莱利先生翻了个身，倒立着。他闭着眼睛，背诵了作家和哲学家杰拉尔德·赛克斯的一句话，大意是这样的："任何坚实的成就，都必须经过多年谦卑的学徒生涯，并与社会上大多数人疏远。"

莱利先生随后站了起来，拥抱了他的两个学生，然后消失在大理石通道里。

第 13 章　20/20/20 公式

清晨，当你赖床时，你要这样想：“我起来，是为了人类的事业。”

——马可·奥勒留，古罗马皇帝

“我的身体里流淌着罗马帝国的血液，其能量在我的血液中奔腾不息，它独特的魔力重塑了我的精神世界。”当莱利先生乘坐的飞机沿着这座城市私人机场的停机坪滑行时，他这样想。

莱利先生一生中最伟大的爱情来自罗马。他是在孔多蒂街附近的一家英国书店遇见她的。孔多蒂街是意大利标志性时尚品牌的旗舰店所在的一条神奇的街道。尽管他已经快 40 岁了，但在与她第一次见面时，他还是一个单身汉，有点“花花公子”的味道，是个以享受世间美好事物而闻名的人。他还记得他曾向她求助的那本书——理查德·巴赫的《海鸥乔纳森》(*Jonathan Livingston Seagull*)，这是一部极具变革意义的小说，讲述了一只海鸥知道自己注定要飞得比鸟群更高，于是开始了一段难忘的旅程，以实现内心深处的智慧。

凡妮莎迅速拿起一本书递给他，彬彬有礼却又带着令人沮丧的冷淡，然后继续去帮助另一位顾客。

莱利先生花了一年多的时间拜访这家老书店，这位年轻女子才同意与他共进晚餐。这位亿万富翁的追求是被她那种低调的美丽、热情的智慧、波希米亚式的个人风格以及她的笑声所感染的，这些让他感到像身处一个巨大的蜜罐里的蜜蜂一样快乐。

他们在意大利南部普利亚大区迷人的海滨小镇莫诺波利举行了婚礼。

“那是多么特别的一天啊，”莱利先生若有所思地说。

和许多史诗般的爱情故事一样，莱利先生和凡妮莎的爱情既轰动又不稳定。有时——实际上经常如此——强烈的爱情会带来难以磨灭的痛苦。和那个特别的人在一起，我们终于可以放心地卸下社交盔甲，展现最真实的自己。正因如此，他们可以看到我们充满惊奇、激情和光明的一面。然而，这也让我们看到了彼此的阴暗面，那是我们经历过的伤害所形成的一面。

她多年前突然去世，而他从未再婚。他不允许自己再次坠入爱河，宁愿专注于发展他的商业帝国，扩展他对慈善事业的追求，独自享受他已经赢得的真正富有情趣的生活。

莱利先生拿出他的钱包，慢慢地取出一张凡妮莎的皱巴巴的照片。他凝视着照片，被这张照片惊呆了，然后他又开始剧烈地咳嗽。

“你没事吧，老板？”驾驶舱里的飞行员问道。

莱利先生看着照片沉默不语。

掌握“凌晨5点法”核心：20/20/20公式

几天前，企业家和艺术家飞往罗马。

这是他们期待已久的一天。今天早上，他们将学习“20/20/20公式”，这是“凌晨5点法”的核心。这两名学生将接受悉心指导，学会如何在“胜利时刻”（即凌晨5点到6点之间的机会之窗）采取行动，这样他们就可以持续享受美好的日子。

今天，他们将发现如何利用好自己的早晨，创造一个世界级的生活。

按照莱利先生的要求，他们俩站在了西班牙大台阶的顶端。当时正好是凌晨 5 点。如果你站在方尖碑下的平台上俯瞰下方的台阶，你就会看到今天早上导师和他的两个学生相遇的确切地点。

“早上好！”一声问候打破了宁静。“掌控你的早晨就能提升你的生活。”莱利先生喊道，他的热情就像你听到罗马士兵在取得重大胜利时所表现的那样。

莱利先生走向曙光的余烬，脸上带有魔力般的微笑。

“你们一切都好吗？”莱利先生高兴地问。

“我们很好。”企业家高兴地说，听懂了几句意大利语。

“真的很好。”艺术家说。

“今天是个大日子。今天的课程将由我来教授，是关于‘20/20/20 公式’的。”莱利先生宣布。

随着太阳慢慢升起，人们第一次看到莱利先生的左手背上有一个文身，上面有一串数字，即“20/20/20”。

光线聚集在他的头上，形成一种光晕的样子。整个场景空灵无比，你若是看见，也会被打动的。“这是新的吗？”艺术家好奇地问，露出一种“以前没有注意到”的神情。

“是的，昨晚我让特拉斯提弗列的人帮我做的。很酷，对吧？”莱利先生说，看起来像新生儿一样天真无邪。

“有点吧。”艺术家说着，打了一个大大的哈欠，然后喝了一口外带的咖啡。“意大利的咖啡很棒。”他补充道。

“嗯，文身只是暂时的，”莱利先生承认，“我文身是因为今天是‘20/20/20 公式’日，这真的是我们所有训练日中最重要的一天。回到罗马的感觉非常特别，因为自从我的妻子凡妮莎去世后，我就不再来这里了。”他坦白道，随后看向别处。

然后，他从运动裤的口袋里掏出了一根许愿骨。他小心翼翼地把这个东西放在一个台阶上，台阶上画着一系列神秘的图（见右图）。

他让两位客人许个愿，然后指示他们把它拆开，以示好运。

“须知，你的创造力、生产力创新和对世界的作用，以及你的个人生活质量，都不会因为简单地在凌晨5点起床而改变。这个规则之所以如此强大，不只是因为起得早。正是你在起床后60分钟内所做的事情，让凌晨5点俱乐部如此改变了游戏规则。记住：你的‘胜利时刻’给了你人生中最大的机会之窗。”

“当我们每天都在创造的时候，我们就是在塑造我们的生活，对吧？”艺术家断言道，这证实了他在莱利先生海滨大院的海滩上学到的一条关键信息，“这就是‘日积月累’，它是你向我们解释的‘创造历史的四个聚焦点’之一。”

“完全正确，”莱利先生鼓掌说，“明智、健康、平和地开始你的一天，不仅是为了帮助你在公共和私人领域获得成功，也是为了保护它。”

“你知道吗？”艺术家指出，“我见过一些艺术天才毁掉了他们的创意帝国，毁掉了他们的好名声，因为他们没有妥善管理他们的成功。所以，我理解你说的话。”

“太棒了，”企业家说，“我的意思是，肯定的。”她握着新男友的手迅速纠正道。“我见过很多‘火箭公司’因为沉迷于它们的制胜法则而失去了其市场份额。它们失去了激情，变得臃肿自大。它们错误地认为，因为它们有一系列卓越的产品，所以总是会有络绎不绝的客户——即使没有迭代他们的产品，改善客户服务，并确保每个员工继续提高他们的领导力表现。所以，我也明白你的意思，莱利先生。”

“太棒了，”莱利先生回答道，“当你应用‘20/20/20 公式’时，永远记得每天早上都要不断地改进你跑步的方式，保持饥饿感，保持一种‘初学者’心态。因为没有任何事物能比看似的成功更容易掩盖潜在的失败了。一旦你体验到这种实践的变革性，你就很容易开始怠慢，甚至可能忽略过程中的几个步骤。”

莱利先生用食指触碰其中一个台阶。他闭上眼睛，安静地背诵了这句话：“是时候停止逃避自我了，是时候接受一个新的能力，以勇敢而富有的同情心，号召你们的生命能量，激励人类前行。”

莱利先生解释说，“演说家为我们解构了‘胜利时刻’和‘20/20/20 公式’。现在没有关于如何安排你们的早晨例行程序的问题了。没有找借口的余地。一切都为你们安排好了。只要运行这个程序，你们就可以掌控自己的一天。拖延是一种自我憎恨的行为，你们知道吗？”

“真的吗？”艺术家问。

“绝对是这样。如果你真的爱自己，你就会摒弃所有认为自己不够优秀的感觉。你应该停止关注自己的不足，而赞美自己惊人的品质。你就是这么特别，这是不争的事实。所以，尽情发挥你的才华、光明的力量和惊人的潜能，改掉违背自己承诺的坏习惯。没有遵守对自我的承诺是我们中的很多人不爱自己的原因之一。如果我们不坚持自己要做的事情，就会破坏我们的个人价值感，削弱我们的自尊。如果继续这样下去，我们的潜意识里就会开始相信自己一文不值。请记住我之前讲的被称为‘自我实现的预言’的心理现象，我们的表现总是与我们看待自己的方式相一致，因此我们的思维方式创造了我们的结果。我们越不重视自己和自身的力量，”他继续说道，“我们能获得的力量就越少。”

莱利先生看着一群蝴蝶飞过，然后继续赶路。

20/20/20 公式三步法

莱利先生向企业家和艺术家展示了 20/20/20 公式（见表 13–1）。

表13-1　20/20/20公式

	是什么	为什么	好处
1号口袋 05:00 凌晨 – 05:20 凌晨 运动	· 剧烈运动 · 挥洒汗水 · 努力学习 · 深呼吸	· 清除皮质醇 · 释放脑源性神经营养因子 · 多巴胺增加 · 5 –羟色胺增加 · 新陈代谢加快	· 更专注 + 高效 · 专注力 + 大脑优化 · 能量增强 · 压力减小 · 延长寿命
2号口袋 05:20 凌晨 – 05:40 凌晨 反思	· 写日志 · 冥想 · 计划 · 祈祷 · 沉思	· 感激之情提升 · 意识提升 · 幸福感提升 · 智慧提升 · 心态平和	· 更加积极 · 反应性降低 · 更多的创意 · 更好的表现 · 富足的生活
3号口袋 05:40 凌晨 – 06:00 凌晨 成长	· 复盘 · 回顾目标 · 看书 · 听有声书 · 线上学习	· “2×3×” 思维 · 深化知识 · 敏锐度提升 · 自信提升 · 应对变化	· 增加收入+影响力 · 赋能工艺 · 占据领域主导地位 · 个人成长 · 升华灵感

他说：“从这个学习模型中看到，要学习三个 20 分钟口袋，然后练习到能掌握的水平。‘20/20/20 公式’的第一个 20 分钟需要你运动。简单地说，每天早上做一些能够出汗的运动，将彻底改变你的生活质量。2 号口袋鼓励你反思 20 分钟，旨在帮助你重新获得你的内在力量，在这

个充斥着严重的过度刺激和过度活动的时代，这部分主要是帮助你增强自我意识，缓解心理压力，点燃快乐，恢复内心的平静。你将用 20 分钟的时间来充实这 60 分钟的个人防御‘胜利时刻’，以确保你的成长，无论这是意味着要花些时间读一本书来增进你对如何创造美好生活的理解，还是读一篇文章来提高你的专业能力，或者听一段关于大师们如何取得非凡成就的音频，或者看一段教育视频来学习如何提升人际关系，改善你的财务状况，或者加深你的精神品质。正如你们现在所知道的，学得最多的领导者才是赢家。我从演说家那里学到的最有用的一件事就是，早晨起床后立即进行高强度的锻炼是最重要的。我仍然记得他当时说的话——那句话很坚定：你必须以高强度的锻炼开始你的一天，这没有商量的余地，否则‘20/20/20 公式’就行不通了，而我会收回你在凌晨 5 点俱乐部的会员资格。’”

“早上的第一件事就是严格训练，这完全改变了游戏规则。起床后快速运动会在你的大脑中产生一种基于神经生物学的奇妙转化，它不仅会让你完全醒来，还会激发你的专注力和能量，增强你的自制力，以一种让你感觉兴奋的方式开启你的一天。为了更实际一点，锻炼方式可以是上动感单车课，做一些开合跳和立卧撑，或者像职业拳击手喜欢做的那样跳绳，抑或短跑。真正的关键是确保你出汗。”

“哇。”企业家说着，也在飞快地记着笔记。

企业家说：“我的事业将是超群的，我个人也将是无敌的，因为我会执行你与我们分享的所有这些想法。”她模仿了莱利先生在别人对他友善时所做的动作，微微鞠了一躬以示感谢。

“当然，”莱利先生表示赞同，“在‘20/20/20 公式’的前 20 分钟里运动后，这意味着，到凌晨 5 点 20 分，当你的竞争对手还在睡梦中的时候，你已经准备好要领导你所在的领域，取得出色的成绩，让这一天变得如史诗般精彩。”

莱利先生道，“你只需要完成这个66天的习惯养成过程，这样就可自然而然地凌晨5点起床了。早起比晚睡更容易。当我第一次加入凌晨5点俱乐部时，我穿着运动服睡觉。”

莱利先生显得有些尴尬。“我的跑鞋就放在我的床边，我尽我所能地消除那些对我造成致命威胁的借口。”

“我可以再问你一个问题吗，莱利先生？”企业家礼貌地问道。

“当然可以。”莱利先生说。

“如果我想运动超过20分钟怎么办？”

“太酷了，”莱利先生说，“这个早晨例行程序不是固定不变的，就像刻在方尖碑上的那些字一样。”他指着坐落在西班牙台阶上方一个小平台上的纪念碑补充说：“接受我所分享的一切，然后把它变成你的。根据你的喜好进行定制，使其符合你的生活方式。”

莱利先生说：“这让我想到‘20/20/20公式’的2号口袋，你需要在你的‘胜利时刻’运行它。凌晨5:20到5:40是你的‘反思’时间。”

“你说‘反思’到底是什么意思？”艺术家问道，体现了他对成为一名优秀学生的新信心。他提出这个问题时捋了捋山羊胡子，手臂搭在企业家的肩膀上。

“正如我一直建议的那样，管理好早晨是卓越人士的一项主要技能。巧妙地利用一天的前半部分，是决定你的商业成就和个人辉煌的一个关键因素。在精心安排的早晨例行程序中，一个要素就是保持一段时间的深度平静。去思考你是如何生活的，你希望成为什么样的人。在接下来的几个小时里，认真思考你想要坚持的价值观，以及你希望如何行事。

想一想，在构建传奇人生的过程中，需要发生什么，才能让这一天成为伟大的一天。”

“这个口袋对我来说非常重要。”企业家说，她的手镯叮当作响。其中一个手镯又亮又新，上面刻着：“所有这些清晨的付出将使我有一天成为偶像。”

“我同意你的看法，”莱利先生表示，“反思什么是美好生活中最重要的东西，会让你在一天中的剩余时间拥有演说家所说的‘剩余智慧’。当你在接下来的时间里经历这一天时，你会不断与这份剩余智慧重新建立连接，这种连接会注入每一个时刻，指导你的每一个选择。”

莱利先生盯着台阶上贝尔尼尼雕刻的白色小船，然后又看了一眼下面广场上的花店。

“正所谓：静则思，思则变。一旦你思考得更好，你肯定能做得更好。在这 20 分钟的‘胜利时刻’，你需要做的就是平静下来，保持沉默，进入宁静状态。在这个容易分心、焦虑和喧嚣的时代，你将给自己一份多么大的礼物啊。”

企业家承认：“这将是给我自己和我的企业的一份大礼。我意识到我花了太多的时间去做事和回应，而花了很少的时间去思考和制作计划。你说过伟大的人是如何利用孤独期的，我也有所闻，许多杰出的天才都有一个习惯，那就是一坐就是几个小时，只拿一张纸和一支笔来捕捉他们脑海中闪现的想法。”

“是的，”莱利先生说。

“所有伟大的艺术家都梦想着一个很少有人相信是可能的未来。”艺术家睿智地说。

“是的，”莱利先生点头说道，“此时你可以练习写一份被演说家称为‘行动蓝图’的计划。这只是一份关于你理想的一天的书面陈述。研究表明，前期的策划能很好地提高你完成工作的专注力和自制力。这样你就有了一个清晰的、校准过的一天的脚本，它就会按照你想要的方式展开。当然，在商业活动和生活中没有什么是完美的。不过，这并不意味着我们不应该尽最大的努力去追求它。世界上英勇的人都是完美主义者，他们极度痴迷于他们所做的一切。所以，至少花十分钟写下你完美的一天。”

莱利先生的助手又拿出了箱子，里面是三个制作精美的，用最高档的意大利皮革装订的日记本。莱利先生给了企业家一个，给了艺术家一个。他拿起最后一个，紧紧地抱在胸前舔了舔。是的，他真的舔了他的日记本。

“当我们来到南非神奇的葡萄园时，我会解释为什么我刚刚舔了我的日记本。”莱利先生更加神秘地说。

“南非？”艺术家大声问道，“我们什么时候走？”

“神奇的葡萄园？”企业家问道。

莱利先生没有理睬他们两个。

“你很好，维恩纳，”莱利先生对他的助手说。“真的好。回头见。”

当企业家和艺术家打开他们的日记本时，他们在第一页看到了一个非常详细的图。

“再给我们一张学习图？”艺术家用感激的口吻问道。

“是的。”莱利先生说。

莱利先生继续说道：“让我谈谈助手给我们带来的礼物。在‘20/20/20公式’的‘反思’阶段，另一个绝对成功的做法是写日记，所以我让一个意大利工匠给你们做了这张图（见图 13–1），希望它能给你们带来奇迹。”

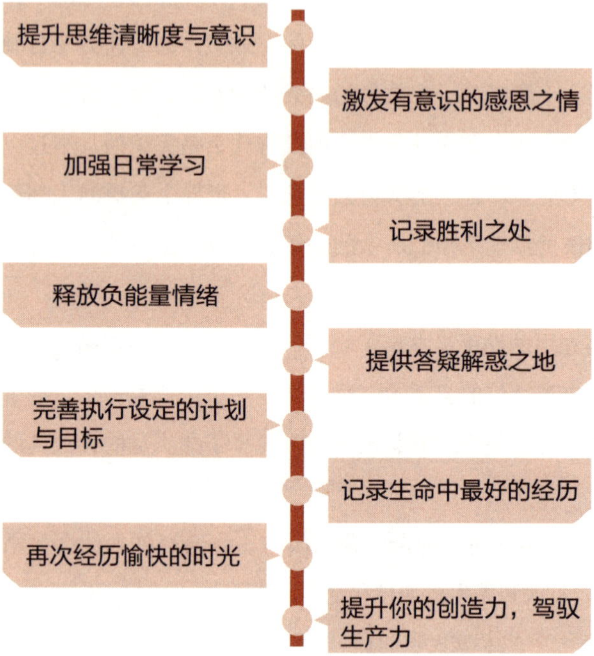

图 13-1　写日记的习惯解析

莱利先生俯视着街道。街道清洁工正在努力地工作。游客们在大街上漫步、自拍，从街头小贩那里购买小饰品。

“在罗马，演说家喜欢和我待在一起。如果幸运，我们晚些时候能见到他。我知道他在休息时沿着河边跑到普拉蒂地区，然后到距离这里几小时路程的一个地方去钓鱼。哦，顺便说一下，他在凌晨 5:20 到 5:40 之间，至少有几分钟在日记本中正式写下了‘每日日记’这几个字。关键是要写下来，不要想太多，只需要写下你对未来几个小时的承诺，记录下你宝贵的雄心壮志，通过列出你现在生活中美好的事情来触发你的感激之情。也请把你的日记当作一个缓和你心中的挫折、失望和怨恨的地方，这样你就能放下它们。当你写下你被压抑的伤痛时，困难情绪和负能量就会从你的系统中释放出来。这是不可思议的，能释放出极大的创造力、优质的活力和无与伦比的表现力。”

“这是一种强化内心的超级方法，对吧？”企业家说。

“哈哈哈哈！”莱利先生拍手叫好，然后把手指放在他日记本第一页的学习模型上。

“如果你们在‘胜利时刻’的2号口袋里投入10分钟或整整20分钟来写每日日记，你们就会得到一些奖励。重申一遍，我建议你们不要只写你当前生活中的积极事情，也要写那些让你们感到不适和痛苦的经历，因为摆脱困难情绪的最快方法就是拥有直面它们的智慧和勇气。感受它们，治愈它们，给它们起名字，让它们离去，用文字来化解生活负担的黑暗能量。这些都是我要告诉你们的突破性见解。因为一旦你们重新获得被种种困难情绪和过去的创伤所阻挡的力量，你们的心态、心境、健康态和灵性态都将呈指数级飙升。当你们的四个内在帝国通过自我净化而升级时，至高无上的本性就开始承担指挥权，这就产生了你们都希望看到的更多的外部帝国。我想解释的是：如果你们没有找到一种健康的方式来消除困难的情绪，它们就会被压抑，从而引发压力、低效甚至疾病。”

莱利先生说，“那些困难情绪掩盖了你的天赋、才能和智慧。这是地球上的大多数人忘记自己是英雄的主要原因之一。当我们逃避感受时，我们就失去了最强大的自我，也忘记了生活的真谛：我们每个人都可以完成令人惊叹的事情，创作出令人惊叹的作品，打造健康美好的生活，懂得真正的爱，过一种神奇的生活，并且帮助很多人。我说的是事实。但我们大多数人都将太多的恐惧、痛苦、愤怒和悲伤建立在真实的自我之上，而没有意识到摆在我们面前的机会。所有这些黑暗的能量都让我们看不见这些机会，并阻碍我们发挥原始天赋。然而，历史上的伟大人物都拥有破除这种黑暗能量的能力。如今，大多数人都失去了它。”

“一种神奇的生活吗？”企业家说，“你一直在说魔力，听起来有点遥远。”

“是的，一种神奇的生活，”莱利先生坚定而礼貌地回答，“等我们到了南非，我会向你们解释如何获得我们所有人都可以使用的魔力。

“你需要感受伤口，才能治愈伤口，”莱利先生精准地继续说道，“我一生中经历了很多苦难。生意失败，精神损失，身体不适。事实上，我现在正在经历一些让我心里很难过的事情。”

“背负过去的痛苦是如此令人疲惫，”艺术家表示赞同，“我们都会被生活打败，有时甚至几乎被摧毁。”

莱利先生继续他的演说：“我还鼓励你们至少在凌晨 5:20 到 5:40 之间抽出一点时间来冥想。演说家教会了我如何做到这一点，它极大地帮助了我在做复杂的商业投资组合时提高注意力、信心、表现和冷静。冷静的执行者是最高成就者。冥想并没有什么特别之处，所以不要对这项技能抱有偏见，要勇往直前，去接纳这一技能，并把它牢牢地锁在心里。这是世界上最好的方法之一，可以增强你的专注力，保持你的自然力量，并使你内心平静。有很多精彩的科学研究证实了定期冥想的价值，所以，你需要为自己腾出更多的时间，用你更高尚的本性来衡量你的言行举止和内心。要重新找回你最好的一面，你认为不可能的那一面大多是未经尝试的，它知道你隐藏的光芒、胆识和爱。你的那一部分仍然能看到别人的伟大，即使他们表现得很糟糕，并在世界上树立积极的榜样——即使这些美德没有得到回应。是的，每天早上进入这 20 分钟的沉默和寂静的圣地，记住真正的你。真理在晨曦的孤寂中发声。然后，带着这些令人惊叹的知识，度过我们称之为‘一天’的礼物剩下的时间。”

莱利先生倒在了地上，并快速地做了一些俯卧撑，然后是平板支撑。想必你现在已经非常熟悉这位“怪人”的古怪动作了。

“我需要进入‘20/20/20 公式’的 3 号口袋，这样我们就可以结束今天的培训课程了。”莱利先生高兴地说。

“‘20/20/20 公式’的 3 号口袋是用来帮助你们每天‘成长’的。记住‘2×3×’思维模式：要想让你的收入和影响力翻倍，你们需要在自己的个人能力和专业能力这两个主要领域增加三倍的投资。所以，凌晨 5:40 到 6:00，‘胜利时刻’的最后一部分，是你加深知识基础、提高敏锐度、提升专业技能并在竞争中胜出的时候。”

艺术家说：“达·芬奇曾说：‘一个人要有掌控自己的能力。’”

他闭上眼睛，开始背诵罗马政治家塞涅卡的斯多葛哲学观点：“每天都要获得一些东西，这些东西能使你抵御贫穷、死亡，甚至其他不幸；在你思考了许多想法之后，选择一个在当天彻底消化。”

他睁开眼睛说：“外在的领导力始于内在。在‘20/20/20 公式’的最后一段时间，也就是凌晨 5:40 到 6:00，你要努力变得更有价值，无论是对你的行业还是社会。我们通过提高自我价值来获得丰厚的回报。我就是靠这个想法创造了财富。随着我的进步，通过提高我的服务质量，我为更多人改善生活的能力也得到了提高。随着我的知识体系的丰富，我在经营业务的领域变得更有价值，这也提高了我的收入和影响力。在当今时代，有一个相当陌生的概念：读书，仿佛是在‘成长’的口袋中翻阅那些卓越人物的自传，借此研究过去最伟大的人的生活。了解心理学的最新进展，是仔细阅读关于创新和沟通、生产力和领导力和历史的作品。观看纪录片，了解最优秀的人如何做他们所做的事，以及如何成长为他们自己。听一些关于个人技能精进、激发创造力和构建商业策略的有声读物。我和我所有的亿万富翁朋友都有一个共同的特点，那就是绝对热爱学习。我们坚持不懈地发展和利用我们的天赋和才能，不断地投资于拓展我们自己和我们的职业。我们不会在毫无意义的娱乐上花太多的时间，因为我们在教育上投入了太多的时间。”

“生活是非常公平的，你给予它什么，它就会给你什么。这是自然法则。所以，要变得更好，就要付出更多。”

“好吧，所以现在你们有了，”他热情地继续总结道，“一个为世界级的企业和个人生活精心设计、完美校准过的早晨例行程序。完全接受它，每天或者每周至少五天运行它，你的生产力、快乐和宁静感将随着你能够为我们的世界带来的价值而有力地加速增长。”

“接下来呢？”艺术家问道。

“我们现在要去拜访死者了。”这是莱利先生唯一的回答。

第 14 章　睡眠真谛

你无法想象我对休息的渴望。在这漫长的六天里，自从我的工作结束后，我的思绪就像漩涡一样湍急，迅速而稳定地旋转着。

——赫伯特・乔治・威尔斯，英国小说家，
《时间机器》《星际战争》作者

罗马的太阳升得更高了，这三个人凝视着屋顶和梵蒂冈。街道上现在很嘈杂，永恒之城苏醒了。

莱利先生的手再次举起。又一次，你可以看到另一个助手不知道从哪里冒了出来，一瞬间广场上出现在三辆闪亮的红色维斯帕（一种小型摩托车）。

“我们走吧，朋友们！”莱利先生叫道，“骑行的时间到了。”

“可是探访死者是怎么回事？”企业家问道，她额头上的皱纹重新浮现，双臂交叉在一起。

“相信我，骑上你的摩托车，跟我来。”莱利先生说。

这三个人绕行穿过罗马古老的街道，即使是最不知名的教堂或方尖纪念碑，也让他们陷入一种梦幻般的敬畏状态。现在，阳光刺眼，罗马人和游客挤满了林荫大道，让这座城市充满了活力。当莱利先生、企业家和艺术家继续沿着罗马的道路跋涉时，他们看到了另一个超现实的景象：塞斯提伍斯金字塔——建于公元前 18 年到前 12 年，是一座坟墓。

“在永恒之城的中心有一座埃及风格的金字塔，真是令人难以置信。”艺术家一边想着，一边努力盯着街道。

很快他们就出了城墙，莱利先生仍然领先。整个上午，企业家第一次注意到莱利先生的T恤背面印着美国开国元勋之一本杰明·富兰克林的至理名言：一日之计在于晨。在他的头盔背面印着“首先崛起，最后死亡”字样。

“这个人真是个奇迹，”企业家想，“独一无二。”她知道这场轰动的冒险很快就要结束了，但她希望莱利先生能留在她的生活中。她不仅越来越钦佩他，她还觉得她需要他。

他们骑了一会儿，然后莱利先生示意他们应该在一条荒凉的小街上停下来。在他们把摩托车停好之后，他一言不发，招手示意他的学生跟着他，经过伟大的罗马军事将领尤利乌斯·恺撒的石像，走下一连串的楼梯，进入一条黑暗、尘土飞扬的隧道。

“我们到底在哪里？”艺术家问道。他眼睛下细嫩的皮肤上已经渗出了汗珠。想象一下你和这三个人在一起，想象一下艺术家此刻的表情。

“我们在地下墓穴里，”莱利先生宣布，“这是古罗马人埋葬死者的地方，所有这些地下通道都可以追溯到公元2世纪到5世纪的墓地。”

“我们为什么来这里？”企业家问道。

“我带你们来这个墓穴是为了表明我的一个观点。”莱利先生用他一贯的温和语气说道。

就在这时，一阵脚步声从隧道的尽头传来。艺术家睁大眼睛瞥了企业家一眼。

莱利先生一句话也没说。脚步声越来越近，越来越有力。

“我有一种不好的预感。”企业家说。

朦胧的烛光照在地下墓穴破败的墙壁上，脚步声还在继续。接着，整个地方都安静了下来。

一个孤独的身影慢慢地出现了，他举着一根高高的蜡烛，头上戴着僧侣们常戴的那种头巾。双方没有言语交流，这一切都非常神秘。这个闯入者站在三个朋友面前，蜡烛举得更高了，并做了四个圆周运动。然后，他的头巾脱落。

露出来的是一张熟悉的面孔。是那个演说家，他又出现了。

“天哪，你吓到我了。”艺术家说，仍然满头大汗。

“对不起，我有点迷路了。”演说家道歉说。

“嘿，伙计，”莱利先生拥抱着他的顾问和最好的朋友说，“谢谢你能来。”

“当然，”演说家回答。“好吧，那我就直接谈谈你想让我与这两位朋友分享的见解吧。”他低声击掌补充道。

“莱利先生让我和你们分享我对深度睡眠的看法，深度睡眠是保持优秀创造力、最高生产力和在各种挑战中保持出色表现的一个要素。他告诉我，他想在这里做这件事，因为不仅这个墓穴里的居民处于无尽的沉睡之中，而且科学研究表明，导致我们早逝的主要原因之一就是睡眠不足。”

“真的吗？”企业家问道，并再次交叉双臂，烛光映照出她的手指上戴着一枚简单的银制订婚戒指。

“不，你们没有睡眠不足。”莱利先生滔滔不绝地说。

“我们邀请你们两个参加婚礼。婚礼虽然是小型的，但很特别。”艺术家补充说。

“欢迎你们在毛里求斯的海滩上举行婚礼，”莱利先生提议道，“哎呀，我会为你们承担所有费用。为了你们两个，为了你们的家人，为了你们所有的朋友。这事全怪我，这是我能为你们两个凌晨5点俱乐部的新成员做的最起码的事。你们一直在努力，你们两个是我的英雄。”

演说家说，“让我来提供一些见解，说明为什么不仅要校准你一天中的第一个小时，这是实现卓越领导力和提升指数级生产力的关键，而且要管理你晚上的最后一个小时，如果你真的想体验优质的结果。”

他把蜡烛放到脸下，制造出一种近乎神秘的效果。“造就天才级表现的，是掌握你的早晨例行程序和优化你的夜间例行程序之间的微妙平衡。如果你睡不好，你就无法执行今天早上斯通带你看的‘20/20/20 公式’。”

“我几乎总是睡眠不足，”企业家承认，“有时我很难正常工作，我的记忆力不好，我也经常感到筋疲力尽。”

“是的，”艺术家表示同意，“我的睡眠很糟糕，我一晚上醒来好几次。但自从我来到这里，我每晚都睡得很好。”

“很高兴听到你这么说，因为我们正处于全球性的睡眠衰退之中，”演说家大声地说道，清晰地表达了他广为人知的戏剧性语言，“互联网和社交媒体以及人们对电子设备的广泛使用推动了这一趋势的发展。现在的研究表明，我们的科技产品发出的蓝光会减少我们体内褪黑素的含量。”

企业家确认道，“我真的这么想。我会重新调整我的睡前习惯，这样我就能在凌晨 5 点醒来，而且感觉更好，精力充沛。我保证我会好好休息，这样我就可以完美地执行‘20/20/20 公式’。”

“至少 66 天，直到它成为一种习惯，”艺术家插话说，“然后在我的余生中，执行‘凌晨 5 点法’实际上比躺在床上睡觉更容易。”

“当我们睡眠不足时，”演说家接着说，“不仅早起非常困难，而且其他一些极具破坏性的事情也会影响你的工作效率，抑制你的表现——同时降低你的幸福感，损害你的健康。”

莱利先生此时正蹲在地下墓穴里。“这个姿势真的对你的腰背部和消化系统都有好处。”他奇怪地补充道。

“嗯，当你睡觉时——这里的关键不只是睡眠的时长，还有你睡眠的质量——当脑脊液冲刷你的大脑时，你的神经元会收缩60%。人们还发现，以前被认为只存在于人体部分器官的淋巴系统也存在于头骨中。所有这一切都意味着，作为人类，我们已经有了一个强大的进化系统，从根本上净化大脑，使它保持在最佳状态。这种净化机制只在我们睡觉时起作用。”

演说家说，“生长激素由人体脑垂体前叶分泌，对于人体的健康组织、强大的新陈代谢功能和长寿至关重要。生长激素水平的提高会改善你的情绪、认知能力、能量水平和肌肉质量，同时通过调节瘦素（LP）和胃泌素的水平降低你的食欲。关键的一点是：虽然生长激素是通过运动释放的，这也是‘20/20/20 公式’中的 1 号口袋是如此改变游戏规则的原因之一，但 75% 的生长激素是在你睡觉的时候分泌的！真正的关键在于：为了最大限度地保证大脑得到有效的净化和促进生长激素的分泌，从而提高你的创造力、生产力、活力和寿命，你需要经历 5 个完整的 90 分钟睡眠周期。科学研究正在证实这一点。也就是每晚要保证 7.5 小时的睡眠。研究还表明，睡眠不足不仅会致命，超过 9 个小时的睡眠也会缩短寿命。”

“你是否有一个可以解释这一切的学习模型？”艺术家问。

“不错，斯通。你教会了他们成功的 3 步公式。”

睡前的标志性仪式

莱利先生点了点头。他仍然靠近墓穴肮脏的地板，然后他打了个嗝。

“是的，我确实为你们准备了一张表，”演说家确认道，“我已经养成了这些年来一直帮助我睡得很好的夜间习惯。”

然后，演说家拿出了藏在袍子里的手电筒。他拧开顶部的螺丝，露出了管子里的一个秘密空隙。他从中取出两个薄薄的卷轴，一个交给企业家，另一个交给艺术家。

每个卷轴上都出现了表 14–1：

表14-1 每天睡前的标志性仪式

07:00 晚上 – 08:00 晚上	• 每天的最后一餐 • 关掉所有设备 • 远离过度刺激
08:00 晚上 – 09:00 晚上	• 和爱人聊天 • 可选择冥想 • 经常阅读、听有声书 • 定期的娱乐性追求 • 定期盐浴
09:00 晚上 – 10:00 晚上	• 准备在凉爽、昏暗和无科技的卧室入睡 • 整理1号口袋里的运动装备 • 晚间感恩练习

“如果全世界都了解并运用凌晨 5 点俱乐部的哲学和方法论，那么每个人都会发生改变，”企业家强调道，“现在我知道，在日出之前起床，完全不是为了减少睡眠。这更像是‘早睡早起’的老话。”“有点像甘地的那句话：‘做出你想在世界上看到的改变。’”企业家补充道。“昨晚睡觉前，我读了一点他的生平。”

“恕我直言，”演说家同情地说，“甘地的原话经过了多年的调整，才变成了更加契合当下这个易于分心的文化环境的表达。”

“他实际上说的是，”莱利先生打断了他的话，“‘如果我们能改变自己，世界的趋势也会改变。当一个人改变自己的本性时，世界对他的态度也会随之改变。我们不需要等着看别人怎么做。’”

“干得好，斯通。”演说家微笑着说。“我很欣赏你的观点，”他亲切地对企业家说。

“现在，我得走了，”演说家宣布，“晚餐时见，斯通。菜单上有墨西哥胡椒，对吧？”

“当然。”莱利先生站起来回答说。他又开始咳嗽起来，一时间显得有些站不稳。他的左手颤抖着，一条腿摇摇晃晃。

演说家赶紧把目光移开。

“我得走了。”在消失在墓穴的黑暗中之前，他只说了这么一句话。

剩下的三个人走出了墓穴，爬上了楼梯，进入了刺眼的阳光下。

莱利先生启动了他的摩托车，挥手示意他的客人们跟上。随后，他们冒险穿过迷宫般狭窄的街道。

停好摩托车后，企业家和艺术家跟着莱利先生走上了西班牙台阶。

“嗯，”他宣布，“这让我们回到了今天凌晨5点开始培训课程的地方。在今天结束之前，我还有最后一个超级可怕的模型介绍给你们。”

莱利先生拍了拍手，仿佛发出雷鸣般的掌声。随后，他们听见远处传来一阵嗡嗡声，是从波盖塞别墅传来的。很快，声音越来越大，越来越近。

一个物体在莱利先生、企业家和艺术家的头顶上空盘旋。

“天哪。”一位穿着飘逸的花裙子的老妇人叫道。她一只胳膊抱着一个婴儿，另一只胳膊抱着一束色彩艳丽的郁金香。“是无人机！”一个十几岁的男孩喊道。

莱利先生开始熟练地操纵这架无人机精确着陆，就像夏日午后的湖面一样平稳。他向两个学生眨了眨眼睛，“礼物还在。”他微笑着说。

这架无人机携带着一个木盒子，打开后，里面有一块薄薄的玻璃，上面有一个学习模型（见表14–2）：

表 14-2 奇妙的一天

	时间表	活动	日记展示
零科技区	04:45 凌晨	• 最佳起床时间 • 个人看护	• 起床前的准备时间 • 提前将运动装备放在床边 • 补水，让它为线粒体提供能量，释放三磷酸腺苷（ATP），从而提升你的能量
	05:00 凌晨 – 05:20 凌晨	• 高强度运动 • 必须出汗 • 促进水合作用 • 播放音频 / 视频 / 音乐	• 1 号口袋：运动 • 凌晨 5:20 前，你会从疲惫变为精力充沛 • 运动延长端粒 • 激活神经生物学机制
	05:20 凌晨 – 05:40 凌晨	• 冥想 • 祈祷 • 写日志 • 感恩练习 • 生成预演蓝图脚本	• 2 号口袋：反思 • 冥想可以延缓衰老 • 计划+排序可以提高专注力和效率
	05:40 凌晨 – 06:00 凌晨	• 阅读 • 听有声书 • 学习+励志视频	• 3 号口袋：成长 • “2×3×”思维 • 赋能你的希望+工艺 • 升华灵感 • 占据领域主导地位
	06:00 凌晨 – 08:00 上午	• 家庭联结 • 个人追求 • 不接触社交媒体 • 不看新闻 • 不查看信息	• 增加幸福感+减少数码痴呆症 • 提升晨间气氛 • 更加快乐和平静
	08:00 上午 – 01:00 下午	• 90/90/1 规则 • 60/10 周期法 • 世界级的工作	• 精英表现的双循环 • 完全专注的封闭环境
	01:00 下午 – 05:00 下午	• 低价值工作 • 开会 • 筹备	• 管理 • 低创造性工作 • 计划 • 促进水合作用
	05:00 下午 – 06:00 晚上	• 通勤 • 两个按摩方案 • 第二次风力训练 • 减压+过渡期	• 加强学习 • 个人恢复期 • 晒阳光浴 / 呼吸新鲜空气 / 补充能量
零科技区	06:00 晚上 – 07:30 晚上	• 不接触数字设备 • 家庭晚餐时间 • 快乐的追求 • 与爱人外出散步	• 社交联系 • 探险 • 社区服务
	07:30 晚上 – 09:30 晚上	• 阅读 • 写总结日志 • 提前为早起做准备 • 没有屏幕或其他科技 • 睡前冥想	• 夜间睡眠仪式 • 热水盐浴 • 保持房间昏暗 • 降低室温
	09:30 晚上	• 沉沉睡去	• 分泌生长激素 • 大脑、身体和精神的修复与再生

“我想你们会觉得这个非常详细的计划对这美好的一天很有价值。当然，这只是一种可行的方法。你们会注意到晚上的模式和演说家说的

有点不同，像往常一样，如何应用我们分享的这些策略完全取决于你们，选择你们的生活，过你们选择的生活。然而，这张特别的表对我帮助很大。”

“奇妙的日子创造了一种螺旋式的上升方式，变成了奇妙的一周，奇妙的一周变成了奇妙的一个月。”艺术家在结束他的日记时写道。

“奇妙的月份变成了奇妙的季度，奇妙的季度变成了奇妙的年份和数十年，最终……”企业家在结束她的日记时补充道。

“我的一生很精彩。”三人异口同声地说。

企业家在仔细观察了玻璃上的学习模型后大声问道：“什么是‘90/90/1 规则’？什么是‘60/10 周期法’呢？我不理解这些公式。”

“表中的‘两个按摩方案’和‘第二次风力训练’分别代表什么？”艺术家问。

“你们很快就会知道的，”莱利先生回答道，引发了悬念，“你们俩都应该知道，我把最好的、最有价值的教导留到了我们相处的最后时刻。”

然后，莱利先生紧紧地拥抱了企业家和艺术家。

“我爱你们两个，”他说，“再见。”

然后他就消失了。

第 15 章　成为天才的十种策略

如果你知道它花了多少心血，你就不会称它为天才了。

——米开朗基罗，杰出的雕塑家

“圣保罗很特别，不是吗？”莱利先生说。

三人刚刚在机场降落，正要前往这个拉丁美洲金融中心的一家精品酒店。

“这是一个大城市。”艺术家指出。

企业家热情地说：“我们非常感谢你能送我们去巴西参加婚礼。”

“谢谢你，兄弟。”艺术家补充道。

“他真的很想在你海边的院子里举行婚礼。”企业家说着，用温和的眼神看着她的未婚夫。

“是的，”艺术家欣然地说，“那个地方简直就是天堂。”

“说实话，我也是。但我想纪念我的父亲，因为他是巴西人。”企业家解释道。

“拥有一位幸福的妻子意味着拥有一个幸福的生活。”艺术家笑着说。然后，他引用了作者米尔恩在其作品《小熊维尼》(*Winnie The Pooh*)中的一句话：“如果你的寿命是 100 年，那我希望自己活到 100 岁的前一天，这样我的生命中每天都有你。”

汽车驶过宏伟的新哥特式大教堂，沿着高楼林立的大道，沿着展示着令人印象深刻的圣保罗市政剧院的大道，穿过宏伟的伊比拉布埃拉公园所在的道路。企业家靠近了坐在汽车后座上的艺术家。

“现在你们已经知道了‘凌晨5点法’，我想提供10个技巧，可以在你们的职业生涯和私人生活中加快你们的推动力。这是日常英雄主义的10种姿态，‘20/20/20公式’将帮助你们出色地利用早晨，这10项例行程序将填补你们的计划，这样你们就会愉快地展开一天中剩下的时间。记住这些，你们就会变得不可战胜。体验一下成功的意义，随着时间的推移，你们生活中的每一个重要元素都在增多。”

像往常一样，莱利先生将一只手举到了空中。突然，从顶层套房的藏书室里跳出来一个助手，艰难地搬运着一幅巨大的艺术作品。莱利先生跳起来，冲过去帮助他的助手。

“这是我送给你们俩的结婚礼物之一。”莱利先生指着这幅绘着托马斯·爱迪生头像的令人惊叹的画作说道。在爱迪生的脸上，用一种前卫的艺术字写着他的名言：“最好的思想是在孤独中产生的，最糟糕的情况发生在混乱中。”

在这幅精美的作品背面有一张图，上面写着这样一个标题：

成为天才的十种策略。

莱利先生继续说道：“历史上很少有人能与爱迪生相提并论，他的生活绝对值得你去研究，然后在你的日记中解构，这样你就会对他的生活方式产生亲切感和共鸣。爱迪生曾说：‘忙碌并不总是意味着在真正的工作。所有工作都是为了生产或取得成就。’当你把发明家的成就公式细化时，请深入研究他的专注能力。”

“说得很有道理。”艺术家说。他今天早上穿着黑色的服装和标准的战斗靴，还刮掉了标志性的山羊胡子。“这就像你在毛里求斯说的那样，我们起床时认知带宽有限，任何分散我们注意力的东西都会减少我们完成重要工作的机会，因为我们在工作场所和生活空间的每一次转移都会分散注意力。如果我们不小心，我们就会患上之前你在罗马和我们分享的提到的‘数码痴呆症’。我今天要用一种非常隆重的方式来做这件事。当我回到我的工作室，我一定要把我的环境布置好，确保它是完全安静的，没有任何嘈杂的装置。我还计划做一次大型的科技排毒，至少在几周内不使用社交媒体，这样我就能重新集中注意力了。我所理解的是，一旦我进入了安静的空间，我应该一次只专注于一个项目，而不是分散我的创造力和体力在很多事情上。这就是我从爱迪生的话中得出的结论，不要因为我擅长很多事情而分散自己的天赋，因为我只在一件事情上努力工作就能成为传奇。”

企业家兴奋地说：“我意识到，当我在考虑一个热门的新产品或下一个蓝海项目时，哪怕是一次中断，都可能让我损失数百万美元，甚至更多。”

“如果你们真的想发挥自己的才能，充分展现自己的潜能，你们刚才说的话就非常重要。”莱利先生高兴地微笑着肯定道。

然后，莱利先生指着这幅画背面的图说：“我知道你们两个都得走了，这样你们就可以继续为婚礼做准备了。请带上这份礼物。但首先，请阅读它背面的内容，这样你们就可以开启连接这 10 种策略的过程，而这将加快你们在凌晨 5 点俱乐部的进步，并激发你们的天赋、才能和力量。这十个策略就是你们的放大器。它们将确保你们从获得线性结果变成获得指数级回报。”

学习模型如图 15-1 所示。

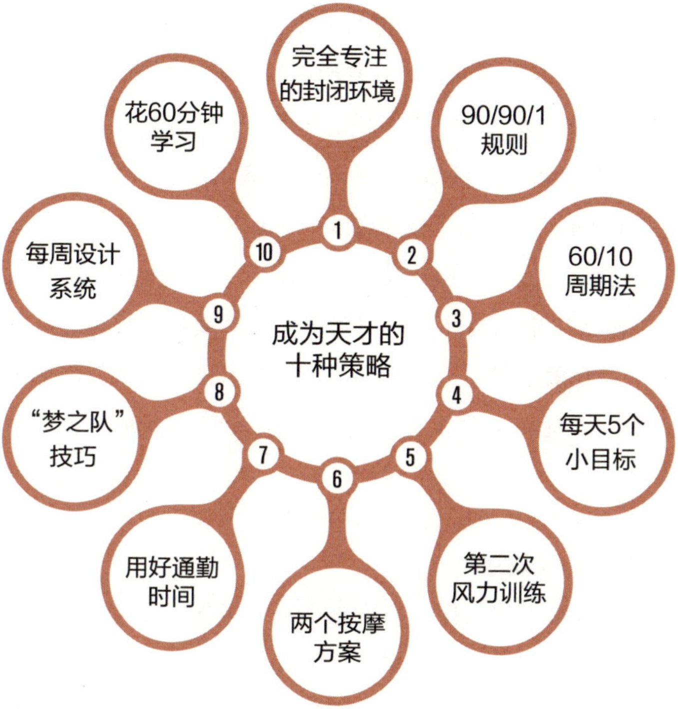

图 15-1　成为天才的十种策略

策略 1：完全专注的封闭环境

洞见：哈佛心理学家丹尼尔·吉尔伯特（Daniel Gilbert）做过的一项研究，来表明不同任务中人们的分神情况，在工作状态下，不分神的频率为 53.1%，分神频率为 46.9%。可以这么说，分神状态是人类大脑的“默认模式”，是非常普遍的现象。

实施：完全专注的封闭环境策略，是通过让你长时间摆脱琐碎的事物和任何消融你的灵感，来保持你的专注和原始天赋。每天早晨，你都会进入这个由你自己创造的封闭环境，里面完全没有无效的信息、垃圾邮件、假新闻、广告、愚蠢的视频、无关紧要的聊天和其他形式的网络诱惑，这些都会摧毁你极具潜力的生活。这里真正的关键是每天有一段时间的独处，在一个积极的环境中，让你充满创造力、活力、幸福感，让你觉得你所做的工作是为了提高人类的价值，你所居住的空间塑造了你的产出。这个概念可以——也应该——应用于你的工作日程之外。这样你的私人时间就没有消极情绪，没有能量消耗，也没有伤害对灵魂的追求。具体的应用建议包括：卖掉电视机，在接下来的日子里避免看新闻，远离嘈杂的购物中心，与你在社交平台上关注的那些消耗精力的人解除好友关系，删除不断发布通知的应用程序。

策略 2：90/90/1 规则

洞见：做真正的工作，而不是虚拟的工作，每天都做，而且保持绝对的一致性，会给你带来巨大的竞争优势。达到大师级品质的生产力是罕见的，传奇人物将他们所有的注意力和精力集中在一个核心项目上，这样他们就可以充分利用自己的认知能力和宝贵的精力来发布杰出的产品，使他们的行业焕然一新的变革。要像这样工作，你需要养成每天利用你最好的工作时间来提供最好的工作成果的习惯。

实施：在接下来的 90 天里，安排自己将工作日的前 90 分钟投入一项活动中，如果完成了世界级的活动，将使你在某一领域拥有自己的地位。这 90 分钟的时间必须完全没有任何噪声和干扰。把你的设备放在一个标有“为了我的 90/90/1 规则”的袋子里，然后把那个袋子放在另一个房间。设置清晰的边界围栏来阻止人们接触诱惑，是减少诱惑的有效策略。

策略 3：60/10 周期法

洞见：研究表明，最优秀的执行者并不是以线性的方式工作——为了得到更强、更好的结果而更努力、更长久地工作。相反，精英创作者做事的方式是通过理解振荡的力量。他们安排好自己的工作周期，这样他们就可以在真正的休息和充分恢复期间交替进行高度专注和高强度工作。换句话说，他们以一种平衡的方式工作，并循环产出惊人的成果，来补充他们的天赋资产，这样他们就不会耗尽它们。

实施：当你完成了工作日的“90/90/1 规则”的部分内容后，可以使用计时器，在你完全专注的封闭环境中安静地坐着或站着，以最佳状态连续工作 60 分钟。训练自己不要动，只是集中注意力，尽你所能创造出最好的结果。在你 60 分钟的工作效率冲刺结束后，补充 10 分钟的能量。具体实施方法包括：在新鲜的空气中快速散步，读一本能够提升你的领导力或个人掌控力的书，冥想，戴着耳机听令人振奋的音乐等。经过 10 分钟的恢复后，回到你的下一个 60 分钟的工作环节，继续充满灵感、卓越和独创性的工作，然后是下一个 10 分钟的恢复周期。

策略 4：每天 5 个小目标

洞见：研究表明，最厉害的商业领袖在其生产力颠覆增长的时期，即使他们面临一些严重的挫折，他们也会积极地将自己的心态投入他们所取得的进步中。通过这样做，他们使自己免受大脑消极偏见的自我破坏的影响。因此，取得卓越表现的关键之一就是训练你的注意力，在工作日的每一个小时里都能持续取得 1% 的胜利和微小的成就。每天取得的小成就，如果长期坚持下去，一定会带来惊人的结果。通过有意识地反思你正在努力的领域，你将坚守你的雄心，保护你的信心，战胜迷惑你的恐惧感，所以你会取得惊人的成就。

实施：在“胜利时刻”的 2 号口袋里，列出你希望在未来一天完成的 5 个小目标，这样你就会觉得这一天是值得的。就像你学到的很多东西一样，这也是一种实践：你做得越多，就越容易养成这种习惯，你的执行力也就越强。所以，请坚持这个过程。仅仅 30 天后，你就会取得 150 个宝贵的胜利。一年后，仅凭这个策略，你就能实现 1825 个高价值目标，确保接下来的 12 个月是你迄今为止最富有成效的 12 个月。

策略 5：第二次风力训练

洞见：你现在已经发现了日常锻炼背后的神经科学。经常活动身体可以提高你的注意力，加快大脑的处理能力和学习能力，增强你的能量，让你变得乐观，通过生产更多的褪黑素帮助你睡得更好，并通过释放人类生长激素促进长寿以及端粒的延长。端粒防止我们的染色体末端磨损——它们就像鞋带顶端的塑料帽。衰老会缩短我们的端粒，这就是为什么它们有时被比作炸弹引信。这里值得注意的是，有充分的证据表明，锻炼可以减缓这种缩短，帮助你保持更长久的健康。你还应该注意到，冥想、富含天然食物的饮食、适当的睡眠和间歇性禁食（演说家称其为 16/8 红利，因为你在 16 小时的禁食窗口期内不进食，然后在 8 小时的进食窗口期内进食）都被证明可以保护我们的端粒不退化。

实施：为了执行第二次风向训练实践，在你的工作日结束时安排第二次锻炼，让你在一个美好的夜晚恢复活力。你将战胜大多数人下班后的疲惫感，重新为你的意志力充电，这样你就可以改善你晚上的饮食选择，甚至发现你晚上对糖的渴望明显降低。此时你能做的最好的活动之一就是一小时的自然散步。你将获得另一段没有数字干扰的时间，让你进行更深入的思考和培养有价值的想法。在自然环境中散步，阳光和新鲜空气也会给你的心态、心境、健康态和灵性态带来好处。自然主义者约翰·缪尔很好地表达了这一点，他说："在与自然的每一次亲近中，一个人得到的远远超过他所寻求的。"其他实施方法包括60分钟的山地车骑行，长距离游泳或者参加瑜伽课。在进行这一日常锻炼时，你还会燃烧更多的卡路里，加快你的新陈代谢速度，降低体脂。第二次风向训练改变了游戏规则。

策略6：两个按摩方案

洞见：研究表明，按摩疗法是一种能显著改善大脑表现、情绪、抗压能力和整体健康状况的治疗方法。按摩的好处包括：皮质醇（恐惧激素）水平降低31%，多巴胺（动机的神经递质）增加31%，血清素（负责调节焦虑和提高幸福感的神经化学物质）提升28%，肌肉张力降低；通过向肌肉细胞发送抗炎信息来缓解疼痛，这些细胞的信号传导会增加，从而产生更多的线粒体。这里的关键是进行深层的组织按摩，而不是简单的放松身体，它需要轻微的疼痛才能正常工作。这种令人敬畏的做法也可以缓解导致端粒退化的压力，优化你的健康状况，最大限度地延长你的寿命。

实施：为了应用这两个方案，你需要在你每周的日程表上锁定两次90分钟的按摩。因为安排好的事情就是要完成的事情。因为模糊的计划会带来模糊的表现。因为最小的实践确实比最宏大的意图更好。大师通过致力于实施来实现他们的愿景。你可能会说自己是一个忙碌的表演者，没有时间每周做两次长时间的按摩。事实上，考虑到这一方法对你的精神状态、认知、快乐、健康和长寿的巨大好处，你需要养成这个习惯。是的，每周两次90分钟的按摩要花很多钱，但死亡会让你花费更多。

策略 7：用好通勤时间

洞见：每天上下班总共要花 60 分钟的人，一生中大约有 1200 天是这样度过的——如果他们的寿命是人类的平均寿命，这意味着需要在交通工具上度过的三年多的时间。随着超级通勤方式的兴起，这个时间段只会越来越长。大多数人一个挨着一个的坐在一起，都在被有毒的新闻、收音机里的肤浅玩笑和其他消极刺激所感染，这些消极刺激会侵蚀自身的生产力，破坏内心的平静。乘坐通勤火车或公共汽车的人经常睡觉、做白日梦或玩他们的数字产品，处于一种长期的冷漠状态。与众不同。

实施：充分利用你的通勤时间——无论是上下班还是去杂货店购物和跑腿——来学习，扩展你的专业能力和个人知识。帮助你做到这一点的具体方法包括听有声读物和使用有价值的播客。事实上，即使是你从一本书或在线课程中学到的一个新想法，也可能让你赚到数百万甚至数十亿美元，或者成倍地增加你的创造力、生产力和活力。如今，没有其他投资工具能比投资你的教育和成长带来更高的回报了。

策略 8："梦之队"技巧

洞见：职业运动员往往会组建一个完整的团队，以支持他们成为世界最佳选手。通过这种方式，他们可以自由地调动自己的 5 种天赋资产围绕着专业知识和能力的发展，从而使他们在自己的运动领域中占据主导地位。迈克尔·乔丹不是自己的运动医生，穆罕默德·阿里也不是自己的拳击教练。超级创作者会将除了那些在他们掌握领域内的活动外的所有活动外包并实现自动化，这样他们就可以专注于工作，并因此腾出大量的宝贵时间。

实施：把那些不仅浪费你的时间，而且会降低你的幸福感的任务委派给别人。理想情况下，调整你的整个生活，这样你就只做你擅长和喜欢做的事情。有了这样的安排，你不仅会因为只需要优先处理一些事情而提升你的表现，而且会享受到更多的个人自由以及宁静。同样，由于你的“梦之队”中有一些人在他们的领域中是佼佼者，你将更快地成为传奇人物，因为你有伟大的人在你身边。“梦之队”的具体成员可以包括经常与你合作的健身教练、营养学家、按摩治疗师、帮助你积累财富的理财教练、帮助你与生命中的重要他人保持密切联系的人际关系顾问，以及帮助你立足于美好生活的永恒法则的精神顾问。

策略 9：每周设计系统

洞见：你现在知道了，计划好的事情就是要完成的事情。没有为未来七天制订详细计划的一周，就像没有攀登策略却试图登上勃朗峰，或者没有指南针就徒步进入森林深处一样。诚然，自发性和为意想不到的奇迹出现留有空间是非常重要的。然而，这并不意味着你习惯性的做法不能用来展示个人责任感与成熟度——就像构建一个深思熟虑、清晰明了、能够彰显你的能量，又让你的选择有条理且平衡的周计划一样。

实施：每周日早上抽出 30 分钟制定你的“美好一周的蓝图”。在日记中写下有关你刚刚度过的七天中的精彩片段，以此开始这个过程。然后记录下你学到的经验教训和优化方法，让下一周变得更加美好。接下来，在一张大纸上记录下你每天从早上 5 点到晚上 11 点间所有必须做的事情。这里的关键是列出比你的商务会议和工作项目更多的东西。为你的“胜利时刻”“90/90/1 规则”“60/10 周期法”和“第二风向训练”设定明确的时间段，同时为你与所爱之人设定明确的交流时间，为你的激情投资组合和工作任务设定明确的时间段。每周这样做会让你的每一天都格外专注，产生非凡的动力，显著提升你的工作效率，并明显促进你生活的平衡。

策略10：花60分钟学习

洞见：知道得越多，做得就越好。传奇的领导者都拥有无限的好奇心和欲望去成为最伟大的自己。教育确实可以帮助社会预防混乱。优秀的生产者是终身学习者。成为少数人中的一员，重新找回英雄主义精神，培养技能，并通过重新成为世界级的学生来实现自己的天赋。

实施：每天至少花60分钟学习。尽你所能地保护随着你不断成长的承诺。每天学习可以提高你的敏锐度，丰富你的智慧，并点燃你的雄心之火，你会成为一位有影响力的思想家和当之无愧的超级明星。针对这60分钟的具体策略包括：阅读每一本在手边的好书，回顾所做的日记，通过在线课程学习，与导师观看和交谈技能培养视频。当你充分利用自己所拥有的绝妙天赋和高超的才能时，你不仅会成为一个更伟大的人，还会成为一个更加不可或缺的人。

"在去参加你们的婚礼时，我还有一件礼物要送给你们！"莱利先生感叹道，"这是我为凡妮莎背诵的一首诗。"他说这话时，手里正攥着她的照片。

"每年情人节，我们的传统是，我会在我们最喜欢的餐厅共进晚餐时为她送上108朵红玫瑰、一些美味的巧克力和另外一件东西。之后，我会单膝跪地背诵这首诗。"

"'另外一件东西'是什么？"艺术家问。

莱利先生看起来有些尴尬。他的目光落在阁楼的地板上。

"衣服。"他眨了眨眼回答道。

然后，他站在宽敞酒店套间里的一张橡木餐桌。像玩捉迷藏的孩子一样，他用手捂住双眼。

第 16 章　拥抱精英表现的双循环

有了自由、书籍、鲜花和月亮，谁会不幸福呢？

——奥斯卡·王尔德，著名作家、诗人

莱利先生独自坐在他从南非法国小镇弗兰谷（Franschhoek）一个葡萄酒庄园中租用的私人别墅的宽敞露台上。在写日记的时候，莱利先生回忆了企业家和艺术家在圣保罗的婚礼上所呈现的超然的幸福、非凡的活力和惊人的美丽。他们显然是天生一对。

“宇宙以一种有趣而又富有智慧的方式运行着，”他想，“如果有哪个联盟能坚持到最后，那一定是这个。”

正如莱利先生在日记中记录的那样，鸟儿们唱着无忧无虑的歌，身着蓝色工作服的园丁们一边用闪亮的铁锹翻着葡萄园的土壤，一边用浓重的南非口音热情地交谈。木桩上缠绕在一起却又精心排列的葡萄藤诉说着大自然独有的魅力，一缕神秘的雾气正从弗兰谷山谷缓缓飘向周围的山脉。

早些时候，凌晨 5 点，莱利先生带着企业家和艺术家开始了一场山地车之旅，从葡萄酒农场开始，沿着丹尼尔雨果街（Daniel Hugo Street）蜿蜒而下，进入村庄——经过久经使用的马厩、像吃了百忧解的蜗牛般行动缓慢的懒惰的狗，以及沿着崎岖的土路两边竖立的白色篱笆蜿蜒生长的玫瑰丛。这真是一个近乎完美的小地方，莱利先生选择这里作为他倒数第二次培训课程的场地。

当他们三人一起骑行时，莱利先生给出的经验集中在平衡精英个人表现与深层自我更新，对取得持续的卓越成就的至关重要性上。他剖析了世界上追求最高水平的成功与在低潮时恢复的时间交替进行的价值——对这种对称性的需求是必要的，从而确保工作上的成功与生活中的富足之间的高度和谐。为了保证他的学生们能够围绕天资展开长期的博弈，他还补充说，如果没有充盈的内心、真实的愉悦感和内心持久的平静，社会的巨大生产力就如仓鼠在滚轮上玩的游戏一样——它认为自己在移动，但其实仍然待在笼子里。

当清晨的阳光洒在郁郁葱葱的草木上，莱利先生正骑着他闪亮的红色自行车，开心地谈笑风生，笑声中充满了欢快、乐观和真诚，我们都渴望在生活中体验更多的这种笑声。但他还是一直咳得很厉害，有一次甚至咳出了血。不过，由于他看起来仍然精力充沛、身体异常健康，企业家和艺术家也只是对这位慷慨的导师的健康状况感到些许担心。但这或许是他们错了，这对新婚夫妇太专注于当下，以至于他们并没有花太多的时间去弄清楚究竟发生了什么，现在回想起来，他们会希望自己曾那么做了。

当三人停下休息时，莱利先生从一个蓝色背包里拿出另一个学习模型（见图 16–1）给这对夫妇看。

保护天才的 5 种资产，莱利先生教导说：“如果没有经过校准的人力资产保护，极其出色的创造性生产会导致显著的绩效下降。”他的意思是：成为你所在行业的传奇人物与可持续性发展有关。确保你的能力或水平能一直保持在世界一流的水准中，不只是一个月或一整年。商业领袖、艺术大师、有远见的科学家、人文英雄和体育明星的真正竞技是在一生中保持一流的水平。

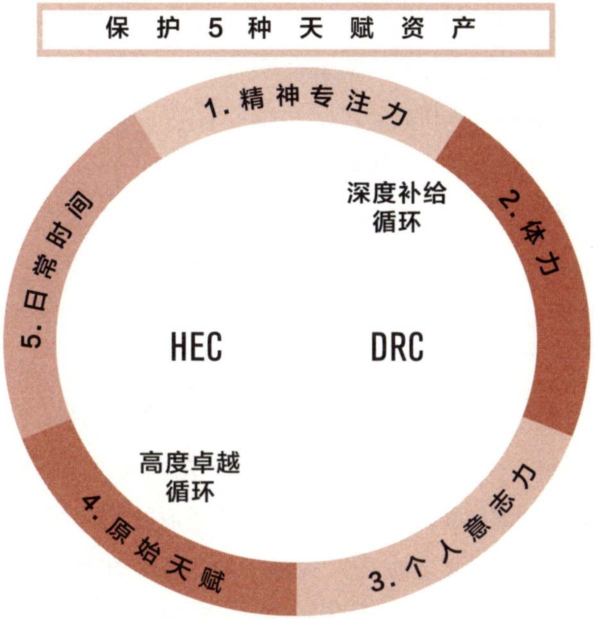

图 16-1　精英表现的双循环

“长寿确实是传奇的关键。”他强调。“这一点，”他对这两个欣赏他的学生说，“这是你成为标志性人物的关键之一，你必须学会如何在高强度的工作与深度休息和恢复之间取得平衡，这样你才能在漫长的职业生涯中保持活力和强大。当你这样做时，你就不会因为绷得太紧而过度消耗你的天赋，就像某些职业运动员过度损伤了他们的膝盖那样——让他们再也无法参加比赛。天才们都懂得运用这个非常重要的原则。”

当莱利先生啜饮着香甜的黑咖啡时，他解释说：“世界上那些伟大的人之所以与众不同，部分原因在于他们实施了一种被称为‘超额补偿’的现象。就像当你把肌肉紧绷到极限时，它们就会撕裂，然后在休养期间还会生长一样，当你积极推动它们超越平时的极限，然后允许进行一段恢复期时，你的 5 种天赋资产就会激增。你们看，取得长期卓越成功的、鲜为人知的关键在于一个简单的词：振荡。我在圣保罗提到过，但你们现在要准备好深入研究了。”

“我们当然准备好了。”企业家宣称。

“明白了吗，”莱利先生说，“当科学家们研究俄罗斯的举重运动员时，发现他们不败的秘密在于他们工作和休息之间的比重。”

“那是什么意思？”当同伴们沿着一个美丽的葡萄园小径骑行时，艺术家问道。

莱利先生直截了当地说：“你的成长发生在休息的时候。毫无逻辑可言，对吧？事实上，这条生产力法则，是我在建立属于自己的全球帝国时，由一位演说家向我揭示的最核心但也最矛盾的真理之一。主流思想告诉我们，要想完成更多的工作，就必须投入更多的时间。为了获得更多成就，就需要做更多工作。但目前可靠的研究表明，这种线性方法——‘更努力地工作才能更好地产出’——是存在严重缺陷的。它不具有可持续性，而且只会导致倦怠、筋疲力尽、丧失灵感，并减少了你个人领导这个领域的激情和造福我们世界的可能性。这种老派的经营方式也会导致包括人力资源的内在损耗，而这些资源如果运用得当，将使你成为市场的主宰。”

“你的分享让我想起了‘60/10 周期法’。”艺术家高兴地说。他穿着莱利先生提供的骑行装备。考虑到他现在作为凌晨 5 点俱乐部中的一名每天练习‘20/20/20 公式’的优秀成员，他看起来明显比在演说家的研讨会上更加健康、专注、有活力和自信。他的变化相当惊人。

“说得好，”莱利先生称赞道，“你说得对。不过我即将向你们介绍的学习模式远不止这些。今天，你将学习关于如何进行交替工作与休息以使生产力呈指数级上涨的进阶见解，你还将学习如何在工作中享受快乐。今天早上，你会发现如何通过职业运动员所称的‘周期化’来减少工作量，但是又能获得更多的收获。在我们完成之后，你们俩都将不再停留于任何肤浅的理解，而是在你们所处的领域取得成功，同时又拥有美好的生活。”

莱利先生指着图 16–1 中的“保护 5 种天赋资产”说：“正如你现在所知道的，每天早上你醒来时都充满了创造力。每个黎明，你都会感受到五种私人财富，如果管理得当，它们将使你克服经常找借口的情况，避开你过去达到的极限，让你灵魂深处的伟大英雄迎接黎明，并让你成为你想成为的人。作为一个伟大作品的创作者，一个没有头衔的领导者，一个致力于生活在敬畏生命中最富有恩典的人。”

“这不就是我吗！”艺术家叫道。

“天才的 5 种资产，”莱利一边看图，一边继续说，“正是你的精神专注力、体力、个人意志力、原始天赋和日常时间。我再重复一遍，以便你们更好地记住这些，这些主要资产在清晨的时候达到峰值，因此，要重视一天的开始，在你最宝贵的时间里完成最重要的事情，而不是浪费这个宝贵的机会去玩科技产品、看新闻或者睡过头。”

“明白了。”企业家确认道，同时努力地在收到的皮革日记本上做笔记。一条印有优雅图案的彩色围巾让她的马尾辫在这个特别的早晨显得很有戏剧性。

“今天这节课的重点是这个，”莱利先生边说边指着模型的中心，“最佳表现真的不是一个线性游戏。精英的成就更像是心跳的律动，更像是一种节奏起伏，更像是脉搏的跳动。如果你想成为一个伟大的大师——在几十年的时间里主宰你的整个职业生涯，并且过着你喜欢的生活直到老去——你绝对需要交替进行‘高度卓越循环’（HEC，即那些激烈而精彩的输出时期）和‘深度补给循环’（DRC，即有意义的恢复时期）。

请研究一下这个。”莱利先生请求道，并用食指敲打着打印出来的图。

高度卓越循环与深度补给循环

“我先问清楚，”艺术家一边呼吸着新鲜空气，一边说，“HEC 是我们的高度卓越循环，DRC 是我们的深度补给循环？”

“是的。”莱利先生回答。今天，他穿的黑色 T 恤上印着白色的字，内容是：“没错，我在谈恋爱——和我自己谈。”他的古怪真是了不起。

“因此，如果你想在职业上或个人生活上取得持久的胜利，你的主要行动就是进行循环，”莱利先生继续说道，“循环进行充满激情、专注和高质量的工作，并安排时间来补充能量、放松、恢复和享受纯粹的乐趣。这真的就像你的心跳，在跳动。”

“我非常喜欢你教给我们的这个概念，”企业家说，“这将是我的工作和个人生活的又一个助力。”

“是的，会的，”莱利先生简洁地表示赞同，“增长的确发生在休息阶段，这违反直觉，对吧？我们通常认为，如果不创造和生产，就是在浪费时间。如果我们没有工作，就会感到内疚。但是看看这个。”莱利先生解开系在腰间的尼龙手袋的拉链，从中拿出两块似乎是金质的奖牌，把它们分别戴在企业家和艺术家的脖子上，就像为冠军颁奖时做的那样。每块奖牌上都刻着以下内容：

传奇表现方程式：

压力 × 助力 = 成长 + 耐力

“网球名将比利·简·金说过，压力是一种特权，”莱利先生提醒他的两个学生，“瞧，压力和紧张并不是坏事。”

“它们不是吗？”企业家质疑道。

“不。事实上，它们对于拓展你的能力是非常有必要的。”莱利先生说道。

“你必须努力发挥你的才能，”他继续说道，“即使你不想这么做，但只有走出你的舒适区，它们才会增长。永远记住这一点：当你最不想做某件事的时候，就是做这件事的最佳时机。这其中的部分原因是，当你在一个重要领域增强你的耐力时，你在其他领域的自制力也会随之提高。在此，我想要强调的更重要的一点是，压力和紧张是一流人才运用得当的美妙祝福。当我们停留在舒适区时，我们的天赋并不会增加，这是真的，只有不断挑战和拓展你的能力，将其超越常规，或者说只有当我们让肌肉超过通常的极限时，它才会扩张。然后留出一些时间来补充能量并恢复。”

莱利先生俯视了一下葡萄园。然后补充说：“我记得，在我的一次慈善晚宴上，我和一位职业运动员有过一场有趣的交谈。你们知道他告诉了我什么吗？”

“什么？”艺术家好奇地问道。

“‘我休息是为了让我所有的训练生效，’”莱利先生说，“这是一种深刻地看待事物的方式，随着时间的推移，只工作不休息会耗尽你的荣耀。”

“嗯。”企业家喃喃地说着，把她的山地车推到一根木桩上并把车座靠在上面。

“如果你想练出更强壮的腹肌，你就得让它们超越现有的极限，”莱利先生说，“如果你通常只做 100 个仰卧起坐，那你可以做 200 个。如果你每天的限额是 200，那就增加到 300。看起来不错，但这实际上会导致肌肉撕裂，运动生理学家称这种现象为‘微撕裂’。然而，如果你想让肌肉生长，你就不能不停止锻炼它，否则你就会受伤。所以你需要让肌肉休息一两天。”

“正是在这个恢复周期中，真正的成长才会发生。”艺术家插嘴道，点明出他正在学习的原理。

“完全正确！”莱利先生兴奋地说，“成长发生在休息阶段，而不是运作阶段。还记得我之前在毛里求斯海滩上告诉过你们的，在我搬到马里布之前我是在农场长大的。”

“我想是的，”企业家说，“在毛里求斯的经历现在感觉就像是上辈子的事了。”

“嗯，我在农场学到的一个比喻可以帮助你完全理解精英表现的双循环。随便问任何一个农民，他都会告诉你关于‘休耕期’的事情。在此之前，有一段紧张的耕种时期，人们要耕种土地，种植农作物，完成重要的工作。然后就是休耕期，这期间好像什么都不做，看起来就像是在浪费时间。但最妙的是：正是在休耕期，农作物才会真正的开花结果。所有在秋天的产出都只是可见的最终结果。”

莱利先生又喝了一些咖啡。他洒了一点在 T 恤上。装咖啡的容器上写着“梦想远大，从小事做起，从现在开始”。

一只黄色的蝴蝶扇动着薄翼飞过，翅膀上透着血红色的纹路，同时三只老鹰在大家的头顶上宣告着它们的威严。

“天哪，我喜欢蝴蝶，”莱利先生若有所思地说，“还有彩虹、流星、满月和灿烂的夕阳。如果不能充分感受生命的鲜活，那为什么还要活着？”

“我 20 多岁的时候就像一个机器人，”他承认道，“我太把自己当回事了。没有一分钟可以浪费，每个小时都被安排好了。每次开车都得放一本有声读物，搭乘飞行都是为了提高效率。但问题是……”他的声音逐渐低沉下来，眼神里透着孤独、忧郁和迷茫。

“很多时候我都很疲惫。但演说家拯救了我，他真的救了我。今天早上我带领你们学习的模型也对我帮助很大。”

莱利先生深吸了一口气，然后继续说道：“随着时间的推移，我的天赋资产逐渐被侵蚀，我的创造力变得低下，效率也是如此。后来我意识到，我的公司团队付钱给我是让我来思考的，为新的产品和创新提出愿景和想法，从而打破常规，为我们在世界各地的客户提供巨大的价值。但我当时并不明白这一点，演说家给了我很大的帮助。在我们的第一次培训课程中，他向我传授了精英表现的双循环，并坚持要求我立即贯彻执行。但在这一点上，我和他争论了很久！放松、呼吸和休息有违我的天性。但现在我完全明白了，正是休息，才让我们最原始的伟大得以展现。”

企业家点头表示理解：“如果我不工作，我会感到无比内疚，好像我做错了什么。”

“自爱是必不可少的，”莱利先生说，“现在我才明白平衡对于一流的表现的重要性。没日没夜的工作根本没有让我变得更有效率，只会让我更加疲惫，更加暴躁。因此，现在我会抽出时间休养生息，骑山地车，读我一直想读的书，品尝一杯好酒，就像在山谷小屋的熊熊炉火前品尝的那杯令人惊艳的皮诺塔格葡萄酒。当我进行这种恢复训练时，我的创造力实现了成倍的增长，生产力大幅度的提升，最终我的成果也直线上涨。这实在是太深刻了：我工作得更少，享受更多的乐趣，但我完成了更多的事情。”

随后，莱利先生从他的蓝色背包里拿出一块白色材料，看起来像是从一艘纵帆船的帆上取下来的。值得注意的是，你可以在上面看到爱因斯坦在帆船上画的画（见下页图）。

莱利先生在那宜人的葡萄园里继续他的演讲：“享受乐趣对于在你所专注的领域内取得主导地位、提升你的生活和激励世界是非常重要的。

历史上所有令人惊叹的创造者和富有成效的领军人物都有一个共同点，你们知道吗？”

“请告诉我们吧。”企业家请求道。她的手镯发出“叮叮当当”的声音，她的新婚戒指在清晨阳光的照耀下闪闪发光。

莱利先生迅速做了个倒立。然后，他用一只拳头快速捶打着自己的胸膛，低声自言自语道：

这一天是无价的。世界上所有的钱财都不能让这一天重现。因此，我抓住它，享受它，尊重它。

这一天，我用伟大的梦想填满我的内心，这样就没有空间去承载那些琐碎的疑虑。我用“能”的心态取代“不能”的心态。我记得我最大的成长发生在我最大极限的锯齿边缘。

这一天，我会想起，除非我的使命成为我的执念，否则我的天赋永远不会成为我的荣耀。除非我对服务他人的渴望超越了个人的不安全感，否则我将错过这些宝贵的时间里帮助他人的大好机会。

这一天，我重拾我的虔诚，以远离虚伪的高贵表象，保持真诚、谦卑——双脚踏在这片神圣的土地上。如果反对者和恶势力向我扔石头，我会用善意和爱来做出回应——即使他们不值得我如此。如果批评家取笑我——从我小时候起他们就一直这样取笑我——我会把他们扔给我的石头变成自我精湛技术的纪念碑。如果有人像他们经常做的那样叫我怪人，我会带着深藏于内心深处的智慧微笑：只有不合群、不拘一格和标新立异的人才能改变我们的世界。与众不同真的很酷。不落俗套是很亮眼的。

那是一个相当激动人心的场面。莱利先生倒立着，拍打着自己的胸膛，仿佛要激活他的心脏，同时又背诵着他的诗歌。

“文字是有创造力的，”他站起来，吸了一大口清新的空气，铿锵有力地说道，“说出不受束缚的英雄主义的话语，这是一个充满激情的可能主义者所发出的声音。用富有希望的语言、带有权力的判决和领导力的措辞，以及无拘无束的爱，使我的措辞严谨。每天早上都如此。”

莱利先生看着这些藤蔓补充道：“总之，所有伟大的天才都喜欢玩，他们知道玩得开心是一种有效的恢复方式，他们都有用来充电的业余活动。爱因斯坦喜欢航海，亚里士多德和查尔斯·狄更斯喜欢每天散步，好莱坞明星梅丽尔·斯特里普做过编织，史蒂夫·沃兹尼亚克会打马球，比尔·盖茨精通桥牌，谢尔盖·布林经常玩高空滑翔。离开工作并不是浪费时间，这是非常有必要的，它为你提供了一个可以孵化你那些可变现的想法的空间。因此，减少工作量能获得更多的成就。这就是‘精英表现的双循环’模式的意义所在。”

“我更加理解了‘60/10 周期法’的价值，”艺术家补充道，“我想这也意味着每周休息几天是可行的。”

“保护你的 5 种天赋资产是非常有必要的，正是这些资产让一流的人才在各自的行业中脱颖而出，从而让他们的工作能力经受住时间的考验。说得更为具体和系统一点：每周至少休息两天，没有电子设备来打扰。演说家将其称为‘零设备日’，完全用于自我恢复。每个季度，我都要抽出更多的时间来度假，而且几十年来，我都会利用 6 月、7 月和 8 月来度假。我航海、骑行、睡觉、读书、游泳，和朋友们一起放松，和女儿一起度过最快乐的时光，体验生活中的美好。虽然你们可能无法抽出这么多时间休假，但我得告诉你们，在这些更新周期中，我尽我最大的努力去思考和计划，并获得了最好的洞察力。回到办公室后，我总是精力充沛，容光焕发。”

此刻，葡萄园虽然太阳光芒四射，但有一轮薄月挂在非洲无垠的天空，吸引着人们的注意。令人叹为观止。

企业家抓住她丈夫的手说：“这太神奇了。”

“你们知道吗，”莱利先生说着，推起自行车，开始沿着他不知怎么发现的那条秘密小路走去，“人间天堂不是什么神秘、令人向往的精神场所，也非圣人、先知和圣贤的专属领地。事实远非如此。我发现——天哪，这么多年来我过着丰富多彩、充满激情的生活——人间天堂其实是一种任何人都可以创造的状态。”

莱利先生现在明显地加深了交谈，围绕着这个关于工作和生活界限的特殊课程，把谈话内容变得更加哲学化，以保持最佳的表现，并使自己生活得更快乐。因为没有一颗快乐之心的商业胜利，终将会错过其他宝贵的机会。

“我觉得自己的生活超级幸福，”莱利先生说，“我大部分时间都生活在魔力世界中。”

“魔力？”艺术家想了想，拉着他的两条脏辫，解开他的骑行鞋。

“魔力。”莱利先生肯定地说。他看上去平静而自信，放松而沉思，幽默而精神。“我明白了，没有灵魂的成功是最大的失败。”

企业家和艺术家并排坐在葡萄园的土地上。

莱利先生继续说道：“虽然我一直热衷于发展我的公司和赚取商业利益——主要是为了看看我能走多远，并帮助我推动我的慈善工作——我同样致力于品味一种令人惊叹的美好生活的魔力。赢了而不享受是没有意义的。”

当一辆卡车载着一群面带微笑的工人驶过时，企业家承认说：“我不太明白你的意思。”

“这是一个美好的早晨！”有人喊道。

“我非常热爱我的工作。我也确实从我拥有的房产、商品和玩具中获得了很多乐趣，但我不需要这些。我拥有作为全球商人的声誉和资源，但我不属于或依附于这些东西。随着年龄的增长，我仍然非常热爱这个世界所带来的乐趣——但我并不需要它们来换取我的幸福与安宁。我已经把这一切视为一场大型比赛，一种竞技运动。我拥有那些属于我的东西，但它们不拥有我，”莱利先生继续说道，“虽然我在这个世界上玩耍，但我也喜欢荒野，就是字面上的喜欢。这也是我实践双循环模式的方式，我抽出时间来完全享受生活。”

“魔力。”莱利先生重复道，这时，身边鸟儿发出的低吟浅唱变得更嘹亮，越来越多的蝴蝶翩翩起舞，在倾听着他们的谈话。

“生活是美好的，不要错过它所有的精彩和不可思议。不管你经历了什么，这种美好就在你的身边。瞧，我们都活在借来的时间里，生活过得真快。”他笑着说。

“总之，”他低声说，“香格里拉、涅槃和人间天堂只是一种存在状态的称呼，而不是一个实际可以游览的地方。一旦你重新找回潜藏在你内心深处的力量，你就会进入生命的魔力，开始每天体验满满的幸福。当你不再推迟哪怕是日常生活中最微小的感恩时，你也将开始成为某种意义上的魔法师，成为吸引奇迹的磁铁。”

“莱利先生现在进入了一个相当神秘和遥远的境界。”企业家想。

“人间天堂，”莱利先生诵读道，“我的生活总体上充满了美好，我发现这和有多少钱并没有什么关系。它更多的是在最微小的事情上寻找满足感，比如，昨晚的炉火温暖了我，激励了我，这与花大量时间在大自然中相处有关，无论是在这样的葡萄园里，还是在森林里散步，或者在山上徒步，或者在海边，或者在贫瘠的沙漠中前行。它与重新连接每个人对生命的敬畏、奇迹和威严有关，常去参观艺术馆，让创作者的能量和天赋注入你的心态、心境、健康态和灵性态；它与享用新鲜的、简单准备的食物有关，与有趣的、真实的、体贴的、有创造力的、有同情心的人在一起有关，这些人让你感觉良好。步入魔力世界也与告别过去、拥抱现在、回归孩提时代的想象力、纯真、活力和爱有很大关系。成年人也曾是孩童，当你有足够的智慧和勇气重新打开它时，人间天堂自然会出现在你的心中，就像你小时候感受到的那样。”

“毕加索曾说：‘我花了四年的时间才像拉斐尔那样作画，但花了一生的时间才能像孩童那样作画。’”艺术家积极地分享道。

“我同意，回归纯真会给我们的生活带来魔力。”莱利先生停了下来。他停好自行车，挥手让两个学生跟着他去葡萄园的一个地方，那里有一块黑色的金属牌子，上面用明黄色的字母写着“白诗南”。随后他跪了下来。

企业家和艺术家看着他在富含矿物质的土壤上画出一个学习模型（见图 16–2）。

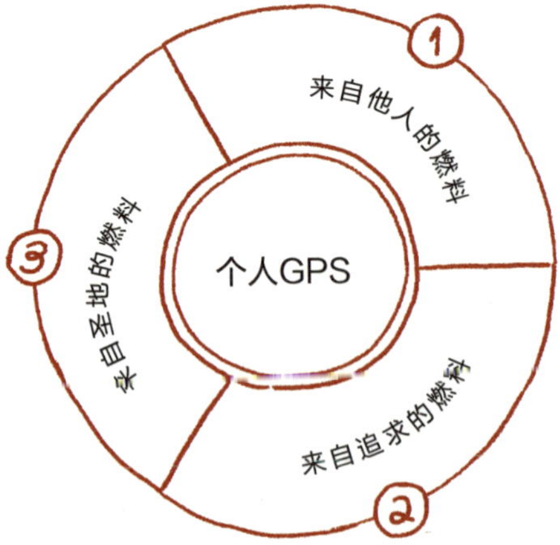

图 16–2　让快乐成为 GPS

“魔力。”莱利先生喃喃自语道，像个士兵一样站得笔直。他紧闭双眼，浓密的头发在和风中飞舞。当他把一只手放在心口处时，更多的鸽子从四周飞出。

“这些天我真的很喜欢感受微风。当你不再拥有它们时，你才会感激它们。生活充满了魔力，它就在你面前，任何人都可以拥有。我们都可以在某种程度上成为魔术师。但要体验我所说的这种更高的现实——为了真正找到它，你需要从这个世界抽离。在一个普通的社会中生活，并在既定的游戏中获得成功，但经常脱离它，所以你永远不会真正被它所拥有。”

莱利先生的眼睛仍然闭着。接着，他向天空举起双手，就像他经常喜欢做的那样。

“你可以把你的快乐当作 GPS 来进入魔力世界，”莱利先生直接对着他在土地上画的图阐释道，“要想获得更多的幸福，就要相信能让你感到幸福的东西，你的心知道你应该去哪里，它比你的头脑聪明。直觉比理性知道得多，比理性更聪明，这是肯定的。我们的智力建立在我们从周围的人那里获得的知识的基础上，它是有限的，被固有的逻辑和前人的经验所限制。你至高无上的自我知道得更清楚，它在可能性而不是实用性中运作。它是有远见的，是无限的。”

“我不太明白你的意思。”企业家说。

“追随你的快乐，”莱利先生指示道，“只和那些能给你带来快乐的人在一起，只执行那些能让你幸福的追求，只去那些让你感觉最有生命力的地方。我知道要完美地生活在这种模式下很难，所以，请将这张图视为一个理想的前进方向。就像我教给你们的其他东西一样，这是一个过程，而不是一个事件，它的推进需要时间。但首先要了解这个模型，然后让你的快乐成为你的 GPS。”

莱利先生骑上了他的山地车，并轻轻地示意他的两个学生跟在后面。

“啊，这是生命本源的魔力，我非常喜欢这样的感觉，它给我带来的平静和安宁比任何实物都要多。这就是在成功和灵魂之间取得平衡的重要性。”

莱利先生紧紧地攥着双臂，看起来好像又在忍受剧烈的疼痛。

“你的心总是比你的头脑聪明，”他轻声重复道，“它知道你必须去哪里。跟随它，相信它，你会找到魔力的。”

莱利先生发出一个信号，随即一个助手从稻草人后面穿过葡萄园奔向他的老板。他递给了莱利先生一把银色的铲子，两人迅速拥抱了一下。

莱利先生开始兴致勃勃地挖掘，很快就能听到金属撞击的咔嗒声。他跪在地上，开始擦拭一个埋在土里的铁盒上的泥土。他唱起了悠扬的小调，就像瑞士和奥地利的民谣歌手一样。看着他挖地，听着他唱歌，真是别有一番滋味。

企业家和艺术家都陶醉其中。

随后，他小心翼翼地打开了盒子。盒子里面有 11 条箴言，每条箴言都附在一封信上。在那一刻，阳光照在他的身上，产生了另一个闪闪发光的光晕。

“我是这一切的一部分，”他喃喃自语道，“宇宙的伟大力量就在我体内，带着积极的信念、积极的态度、期待和坚定的目标，我所渴望的一切都在向我走来。如果我所希望的没有实现，那只是因为有更好的东西正在赶来。我知道这个信念是真实的，所有的巫师都知道这是真的。”

企业家和艺术家都瞪大了眼睛，面面相觑。

“你在干什么？”艺术家问。

“我在用我的一条咒语。”莱利先生回答说。他在句末又加了一些约德尔语调，然后说：“除非你学会了真正魔法师的发光艺术，否则你无法在生活中创造魔法。”

突然，盒子开始升起，在土壤上方盘旋了一会儿。企业家和艺术家都吃惊得张大了嘴巴。

艺术家有点紧张地问道：“有人教过你视错觉，对吧？”

“也许是的，也许没有。”莱利先生的回答加深了这种神秘感。

“每一条箴言都将帮助你记住，我在过去几十年里用来增加财富和体验精致生活的十一条格言。我的生活给我带来了源源不断的美好、伟大的敬畏和超乎想象的奇迹，简直是人间天堂，”莱利先生重申道，“我希望你们也能像这样生活，最酷的是，任何人都可以创造这种存在，但现在很少有人知道如何实现它。”

他补充道：“每一封相关的信都会汇集我在这次轰动一时的冒险中与你们分享的一些关键主题，在我们接近尾声的时候会进行一些总结。”

第 1 条箴言符号是一面小镜子，下面是附在信上的内容：

莱利先生箴言 1：要想在世界上创造魔力，就必须拥有内在的魔力。

看看镜中的自己，你与自我的关系预示着你与世界的关系。记住你对安静和孤独的原始渴望——正是在这种安静中，自我意识才得以升华。法国数学家布莱兹·帕斯卡（Blaise Pascal）曾写道：“人类所有的问题都源于他们无法独自安静地坐在房间里。”释放你对复杂性的需求，让自己沉浸在只有清晨才能提供的宁静中，这样你才能重新认识自己。因为逃离独处就是逃避自由。

成为一个日常魔法师，这样你的生活就会充满激情、富足与平和，变得更加舒适自如，这样你就会开始听到沉睡在你内心的伟大天才的低语。在安宁中，你会记起你真实的样子，你会重新获得那个至高的自我，充满了创造力、力量、无所畏惧和无条件的爱。在这个安静的避难所里，你也将获得在这个时代非常罕见的东西：属于你自己的时间。你越是这样做，就越会发现生活究竟是如何运作的。你也会开始区分你的信念，哪些仅仅是文化约束，哪些是真理。在你的内心深处，既有值得信赖的直觉之声，也有来自恐惧的极具说服力的言论。在独处时，你将获得颠覆性的见解，从而影响你所处的领域。我知道这听起来很奇怪，但是在宁静之中，你实际上会进入另一个现实世界，像尼古拉·特斯拉、阿尔伯特·爱因斯坦、格蕾丝·霍珀、托马斯·爱迪生、约翰·洛克菲勒、玛丽·居里、安德鲁·卡内基、凯瑟琳·格雷厄姆、山姆·沃尔顿、罗莎琳·富兰克林和史蒂夫·乔布斯等，这些有远见卓识的人都在那里度过了很多时日。为什么那些传奇的科学家、发明家、实业家和艺术家都努力独处？我曾与你们分享过，在无声的沉思中度过漫长的时间是保持高级思维的秘诀之一。归根到底，你们才是自己一生中唯一相伴的人，为什么不加强你与伟大的自我的关系并充分了解自己的天赋，与自己最崇高的本性展开一生的恋爱呢？

第 2 条箴言是一种花的形态，莱利先生陶醉于它的芬芳。然后，他微笑着把与之相关的信递给了他的学生，让他们审阅。信中写道：

莱利先生箴言 2：收集那些神奇的经历，而不是物质性的东西。

这个世界已经让你感到负担沉重，迫使你变得坚强。作为一个孩子，你的直觉告诉你，如何发现雪花的神奇，如何在蜘蛛网中找寻时运，如何在色彩斑斓的秋日清晨欣赏落叶的绚丽。追求不是为了获得什么，而是为了探索生命，把你看待生活的视角从平凡转变为非凡，你创造奇迹的能力就会成倍增加。在这个破碎的社会将你驯化成把金钱和价值置于快乐之上的人之前，要重新找回你年轻时失去的纯净，多笑、多跳、多玩，拜托请一定这么做。

神秘主义者弗洛伦斯·斯科维尔·希恩说：“未来预示着神秘的美好。任何事情都可能在一夜之间发生。”多留意你生活中的奇妙事物：轻柔的微风，公园里追逐嬉戏的松鼠，美妙得让人潸然泪下的音乐。你将开始尊贵地生活，同时提高你的原始力量，在你的早晨产生更多的魔力，永远不要为了更高的年收入或更多的净资产而牺牲你的幸福和生活质量。几个世纪以来，成就辉煌人生的决定因素一直没有改变：一种不断成长并充分利用自身潜能的意识；努力工作，发挥你最好的生产力，造福人类；与积极向上的人建立重要的联系，使你的愉悦感升级；当你怀着一颗感恩的心度过每一天时，就能够更好地滋养你的精神。

是的，我在罗马时舔了舔我的日记本，这是我进行的仪式之一——通过提高我对所有给予我的美好祝福的感激，积极提高我的活力。我越是珍视生命中的每一件事，生命中的每一件事的价值就会越高。

所以，要成为一个令人敬畏的收藏家，而不是一个物质的消费者。简化你的生活，回归那些近在眼前的享受，当你这样做时，你将会克服那些压制你激情的力量，并且撕毁我们当中许多优秀的灵魂所深陷的肤浅的伪装。当你这样坚持下去的时候，你会发现你的生活其实是多么的美好和精彩。

请一定记住，是你的过去造就了现在的你——不是你现在花了很多时间陪伴的伴侣，也不是可以把你带入一尘不染的未来的朋友。如果你心中的某些部分还停留在对过去的失望、怨恨和伤害中，你就不可能进入每个清新的早晨所带来的魔力氛围中。你现在很清楚这一点。

第 3 条箴言符号是一道门。

“每一个结束都标志着一个新的开始。我们所经历的一切都是有益的。当一扇门关闭时，另一扇门总会为你敞开，”莱利先生说道，“永远要相信，生活会在你身后支持你，即使正在发生的事情毫无意义。”

所附的信写道：

莱利先生箴言 3：失败会培养出无畏的勇气。

罗琳说：“生活中不可能没有失败，除非你小心翼翼地生活，以至于还不如不活——在这种情况下，你默认失败了。”

你的雄心壮志和宏伟无垠的想象力绝不能被“人们会怎么想”“如果我被拒绝了怎么办”“如果我这样做，我可能会看起来很傻”之类的想法所束缚。

你可以允许自己被拒绝的恐惧所麻痹，也可以勇敢地走出去震惊世界。但你不能两者兼得。

生活的现实是，在这个纷繁复杂的时代，你有一个超然的命运在乞求你的关注。不要妄用你的天赋，扭曲你的辉煌，否定你的光辉，把没有达到你预期结果的事情贴上失败的标签。我们都知道，在每个挫折中都孕育着获得更大成功的绝佳机会。

要开始在你的生活中更多地说“是”，勇气是一种精巧的武器，可以击败那些摧毁所有温顺生命的悔恨大军。

第 4 条箴言被莱利先生小心翼翼地从金属盒子里拿了出来，是一个手指大小的木制画笔。

莱利先生说：“这将强化你是自己人生的强大创造者的观念。并且成为实现你野心的伟大艺术家。那些高效、幸福、健康和乐观的人是靠运气获得巨大财富的，就是一个谎言。我花了很多时间来确保你们理解这一点。这些人之所以能创造属于他们的财富、活力和对社会有影响力的帝国，并非仅仅因为星辰恰好以某种‘正确’的顺序排列而成就了他们的成功，这样的说法纯粹是神话。来，看看这个。”他和蔼地说着，把下一封信递了过去。

莱利先生箴言 4：正确使用原始力量去创造属于自己的美好时光。

许多人在表象的满足之下度过了他们最美好的时光，我的意思是，他们内心想着并且嘴上说着他们很幸福，但实际上他们很痛苦。通过不断告诉自己要满足于眼下所拥有的，而非去追求更多，他们背叛了自己的梦想、忽视了自己的人类财富、最小化了自己可能对世界产生的影响。没错，你的确需要万分感谢你所拥有的一切，然而，也要考虑到，这样的人已经通过对自己内在力量的绝对忽视和完全放弃使自己走到了死胡同，结果是，他们对于自己丰富才华所拥有的自由和支配权都遭到了破坏。

想要充分领略你生活的魔力，你必须了解到四种创造性的工具，它们可以把你的每个愿望变成可见的结果。

这四种能让你创造奇迹的资源是你的思想、你的感受、你的言语和你的行为。锻炼你的头脑，只考虑那些有益于你通向成功和幸福的想法。经常怀着感恩、积极的期待以及充满爱的心情坐下来去珍惜你生命中所拥有的一切，就像你看到我倒立时所做的那样，只说鼓舞人心、内涵丰富和激励人心的话，只做那些与坐落在你最明智思想上的常驻英雄相一致的强有力的行为。

去研究那些不充分发挥自己潜能的人，你就会清楚地明白为什么他们的处境如此艰难。他们把注意力集中在自己的不足而不是富足上，他们不尊重词语的力量，不停地强调“问题”这个词，给他们的处境贴上“糟糕”的标签，把诸如巨大的成功、财富、满足感和对他人的积极服务等回报归类为“不可能的”，因为他们不明白，正是他们自己的言语将他们与创造魔法的能力分离开来。言语真的是创造性的倍增器。

第 5 条箴言符号是纳扎尔，一种外形像眼睛的护身符，在一些文化中被用来驱赶邪恶的人，你可能在某次旅行中见过。

“听着，我不相信任何人是真正邪恶的，”莱利先生对他的学生们说，“嗯，也许有几个吧。但最重要的是，我活得越久，就越知道我们每个人在生活中都经历过不同程度的创伤，就像我之前分享的，只有处于痛苦中的人才会对他人做出痛苦的事。受苦的人往往制造出更多的痛苦，行为混乱的人通常自己也很混乱。他们真的很痛苦，有些事情发生在了他们身上，这让他们感受到了威胁。因此，在这样的情况下，他们内心深处的善良似乎被压抑和封闭起来了。称他们为可怕的人只是一种基于表面的肤浅判断，事实要比那种草率的感知深刻得多。不管怎样，现在我们只需要说，为了实现你自己最大的生产力、展现最好的表现、享受无限的快乐和内心的平静，避开具有负面情绪的'坏人'真的很重要，因为那些人往往背负着过去的创伤，他们没有足够的自控力避免将创伤投射到你身上。有一次，我在巴巴多斯出差，一位出租车司机给了我一个很有用的忠告：'避开坏人。'"

眼睛状的护身符上粘着这样一封信：

莱利先生箴言 5：避开坏人。

永远不要低估你交往圈的感染力量。通过被称为"情绪感染"的现象以及我们大脑中镜像神经元的激活，我们会模仿与我们一起生活的人的行为。让你的生活中充满优秀、有进取心、健康、积极、有道德和有爱的人会随着时间的推移，让你也成为这些崇高品质的典范。如果允许那些梦想窃贼、能量窃贼和热情盗贼进入你完全专注的封闭环境中，请相信你一定会变得和他们一样。

真正的关键是要避开麻烦制造者，因为在充满戏剧性和无休止的问题的环境中长大的人，会有意无意地重新制造闹剧以及无休止的问题，因为尽管这看起来很奇怪，但对他们来说，这样的环境是熟悉的、安全的，就像家一样。请远离所有的闹剧爱好者和消极之王，如果你不这么做，他们迟早会摧毁你的伟大，毁掉你的生活。这就是他们的行事之道。

尽可能与每个人和平相处。即便只有一个敌人，也还是太多了。优雅地度过一生，当冲突出现时择善而行。如果有人得罪了你，那就让恶有恶报。把自己的生活过得好就是你报复的方式。

金属保险箱里的第六封信上贴着一张大面额的纸币。出于某种神秘的原因，它被折成了一个三角形。这封信比其他的都长，上面写着：

莱利先生箴言6：金钱是慷慨的硕果，而不是匮乏的果实。

不要被世界上的主流哲学思想所误导。贫穷是内在环境的结果，而不是外在处境的结果。如果你不这么认为，就等于把你创造繁荣的魔力的能力拱手让给你所抱怨的事情。

金钱作为一种货币，其本质如同电流一样流动。是的，现金是一种流动资产，它需要循环，而囤积现金会阻止现金流入你的商业活动和个人生活，所有真正的魔法师都知道这一点。因此，付出更多才能收获更多，比如，可以给餐馆服务员、酒店管家和出租车司机留下丰厚的小费，向慈善机构捐款，为你的家人和朋友不计回报地做一些美好的事情。如此，一场富足的洪流将会奔向你。

你可能想知道为什么我们这么多人生活在如此匮乏的环境中，其实这种状态是由我们所遭受到的金钱创伤造成的。这些是隐藏在我们潜意识深处的程序，通过我们父母的信息传导，以及其他对于儿童成长有强大影响的人的教导而不知不觉地放置在那里，他们常说的话基于他们被灌输的谎言，比如“富人不诚实”等。在我们年幼的时候，这些话在我们的内心深处埋下了导致匮乏的黑暗种子。

有四种实践帮助我获得了财富，此刻我把它们送给你们：积极的期望、活跃的信念、不断增长的感激之情和极致的价值交付。所谓积极的期望，我只是想告诉你们，我总是保持一种心态，即我期望金钱会定期地从意想不到的地方流向我。活跃的信念体现在你的行为之中，表明你相信生活的富足和仁慈。宇宙以富裕的姿态示人，它鼓励我们勇敢去追求、体验，比如：当你财力稍显紧张的时候，仍为你和朋友在一家昂贵的餐厅共进晚餐买单；或者当你的钱包里几乎没有现金的时候，购买一些你需要的工具来提高你的手艺。我绝对不是建议你把自己扔进债务的牢笼，绝对不是。在当今社会，过度杠杆化是一种极具破坏性的力量。你只需要向大自然展示你知道繁荣即将来临，并采取行动让你感觉自己拥有大量财富。至于不断增长的感激之情，我们在这次冒险之旅中已经讨论过很多次了。继续对生活中的每一件事、每一个人敞开心扉。当你支付账单的时候，不妨为你的钱送上祝福，感谢它为你带来便利与价值；祝福杂货店的收银员和为你提供食物的农民；祝福让你在车流中排队的司机；祝福为你的生活谱写歌曲的音乐家。祝福你的双腿这么多年来一直支撑着你，祝福你的眼睛让你见证了美丽，祝福你的心让你感受到生命的活力。极致的价值交付则意味着给予其他人——如同事、客户、家人和陌生人——比他们从你那里期望的多得多的好处。因为种瓜得瓜，种豆得豆。

培养并强化你的富裕意识，这将使你的收入和个人净资产实现大幅度增长。所以，请把这部分做好。我们社会中的很多悲哀都是源于我们中有太多人没有足够的钱，但这不该如此。

“接下来是什么呢？”艺术家一边想着，一边从葡萄藤上摘下一颗结实的葡萄，一口吞下。

莱利先生从箱子里拿出一双迷你跑鞋说道：“运动绝对是一种魔力。请读一下我给你们俩写的随信附上的那封信。”

信中说：

莱利先生箴言 7：最佳健康状态可以使你创造魔力的能力最大化。

在早晨做的第一件事就是锻炼，这样你就可以最大限度地保持健康。这项最重要的活动现在已经完成，让你的认知、能量、身体和精神准备好在你的一天中创造奇迹。

当你开始坚持每天早上锻炼时，你会惊讶于错过一天的锻炼时你会感觉多么糟糕。你会意识到，在养成这个习惯之前，这种糟糕的状态就是你大部分时间的感受。只是你没有意识到而已，因为情绪低落已是你的常态了。

健康才是人生最大的财富。那些失去健康的人余生都在努力恢复健康。拥有非同寻常的活力也是一种走向繁荣的奇妙方法。当你达到一生中最健康的状态，将饮食结构调整至精通水平，优化睡眠习惯并有效减少衰老迹象时，你会发现你与至高无上的自我建立亲密关系的能力大大提高。因此，你会把更多的天赋、荣耀和同情心播撒到这个世界。这反过来又会给你带来巨大的财富，更重要的是，你将能够做出更大的贡献，没有什么比帮助他人更令人向往了。每个魔法师都很清楚这个道理。

第 8 条箴言符号是一个小小的登山者。

莱利先生解释说："永远不要停止提高早晨的质量，同时追求卓越的生活。A 级选手的整个游戏精髓就是不断提升。当你登上一座高峰时，你会看到下一个等待你攀登的高峰。这是给你们的关键隐喻，朋友们。"

他吹掉了与这条箴言符号相对应的信上的一些泥土，并把它举起来给他的学生看。它是这样写的：

莱利先生箴言 8：不断提高你的生活标准，迈向世界一流水平。

享乐适应描述了人类适应环境和生活变化的心理境况。你得到了期盼多年的加薪，并欣喜若狂了一整天。然后，这个新的收入水平会融入你的生活，并成为你的新常态，而你最初所感受到的快乐会逐渐消失。或者，你搬进了一个靠近火车轨道的嘈杂公寓，但随着时间的推移，你似乎逐渐学会了忽略掉火车的声音。又或者，你刚买的梦中情车让你兴奋不已，直到几周后，它便成为你日常风景中的另一部分。这些都是享乐适应的例子，这种现象在我们每个人的生活中都有所体现。

针对这种人类不断适应并寻求进步生存方式，一种解决之道是不断提高你的个人标准和生活质量，让每个季度都比上一个好，每年都比前一年好。这就是巨人和传奇的运作方式。

与此相关的是一个非常重要的哲学，它对我很有帮助：在世界一流的环境中度过一生。人生苦短，我们必须尽可能地善待自己。当你更好地照顾自己时，你与他人、工作、金钱以及世界的关系也会相应得到改善，因为你与外在一切的关系都只是你与内在一切的关系的展示。事实就是如此。

投资你能买到的最好的书，你会得到成倍的回报。尽量吃最好的食物，即便目前你能负担得起的只是在当地一家豪华餐厅里享用一道美味的开胃沙拉。去你所在城市最好的酒店喝杯咖啡。如果你住的地方有一支你喜欢的职业运动队，那就在场边席观看一场比赛，而不是在廉价的座位上待上几个赛季。尽你所能开最好的车，每天听欢快的音乐。就像我教你的那样参观艺术画廊，这样的画家所展现出的创造力和意识就会在你的灵魂上留下印记。记住，经常在你的身边摆放鲜花——它们会提高感知那些拥有远见卓识之人所触及的更高境界的频率与能力。你觉得为什么那么多伟大的圣人、先知、治疗师和圣贤喜欢在他们身边摆放鲜花呢？了解之后，你会惊喜地发现，这能让你有力量去产生你想要的一切。

第 9 条箴言符号是一颗心。下面是与之相关的信件的内容：

莱利先生箴言 9：深爱带来不可征服的喜悦。

只要有机会，就向人们展示你的爱。这句常被认为是威廉·佩恩的名言指导了我大部分的生活，对我帮助很大。它是这样说的：“我希望人生只有一次。因此，如果有什么我能展现的善意，或者我能为人们做的好事，让我现在就去做，不要推迟或忽视，因为我不会再走过这条路了。”

当你还活着的时候，要告诉人们你有多么为他们感到骄傲，有多么爱他们。我曾经遇到过一个人，他告诉我，他一看到活着的人就感到无比幸福。“为什么？”我问他。他说：“因为我这一生见过太多死人，所以见到活着的人是一份特别的礼物。”

我们谁也不知道自己什么时候会面临死亡。所以，为什么要抑制作为人类最宝贵的东西：深爱他人的能力。

作为一个活生生的人，你的一部分工作就是让人们获得更好的自我感觉，并让他们微笑，你可能会惊讶于让一个人快乐是多么的简单。给每一个你关心的人写一封老派的情书，给那些帮助过你的人写一封感谢信，给那些你认为需要感谢的人写一封慰问信。表达你的真实感受，不要被对拒绝的恐惧所限制。总是对别人更感兴趣，而不是想着如何成为一个有趣的人。你遇到的每个人，对他们都有一堂课要教，有一个故事要讲，他们心中都有一些渴望你支持的梦想。

我们最好的自己会被我们没有说出口的关爱之词、没有表现出来的温暖情感和没有做过的好事所束缚。

“给，请拿着这个，”莱利先生一边给客人们一个天使的雕像，一边温和地请求道，“这一页上的内容特别重要，我建议你们以非常开放的心态去读它。”

信中表示：

莱利先生箴言 10：人间天堂是一种状态，而非某个地方。

敬畏地开始每天的行程，让日常的冒险充满奇迹。奇迹是快乐的有力源泉，也是提升你不断增长的天赋的关键技能。世界上所有伟大的人都学会了如何放松自己，享受充满魔力的一天。

现在我明白了，不朽的哲学家、神秘主义者等所说的“人间天堂”不是一个可以参观的地方，而是一个可以栖息的状态。相信我，当你培养你的心态、净化你的心灵、关注你的健康、提升你的灵魂时，你感知和体验生活的方式将发生根本性的转变。但如果你不做这些至关重要的工作，你就永远不会明白。我的话听起来就像是一个疯子的胡言乱语，但在一个疯狂的世界里，只有理智的人才被称为疯子。

所以，当你投入更多的时间在掌控自己上，你所能感受到的自爱程度就会扩大。所有巨大的成功和个人的快乐都建立在自爱的基础上，让你被自己的怀疑、不安全感和恐惧所束缚的是内心的低自我价值感。由于人们在你童年早期对你的评价，你的潜意识里会低估了你的勇敢，扼杀了你的高贵，束缚了你的伟大。

当你放弃那些被灌输为真理的错误信念时，当你释放使你与爱隔绝的情感创伤时——此处所说的不只是简单的浪漫之爱——你将发展出感知我一直在暗示的这个全新现实的能力。它一直都在那里，但因为你看待这个世界的过滤器被污染了，导致你无法更好地看清这个世界。

然而，一切都很正常，一切都在按照它应有的轨迹展开，没有被辜负。到最后，你会意识到发生在你身上的事很少是意外。一切都是为了你的成长，一切都是为了你好。

当企业家和艺术家看到第十一种也是最后一种箴言时，他们都微微吃了一惊。

莱利先生递给他们一个微型棺材，然后说：“如果你们真的想玩转生活的魔力，就要经常反思这一种箴言。”

这封信与前几封信不同，是用红墨水写的。上面写着：

莱利先生箴言 11：明天是奖金，不是权利。

不要推迟展现你的英勇，也不要推迟追寻你内心的平和，因为你的生活可能在一个小时内分崩离析。我虽是一个乐观主义者，一个内心充满希望的商人，但我也是一个现实主义者。意外、疾病、损失和死亡每天都在发生，认为这些事情永远不会发生是人类的天性。然而，所有明智的哲学家都教导我们，我们的存在是短暂的。要用这种洞见武装自己，把它与你不可避免的死亡联系起来。要知道你度过的每天都是生命账本上的宝贵数字，随着每个灿烂早晨的逝去，你越来越接近你的终点。

不要推迟展示你的天赋和才能，要确保享受这段旅程，祝你在迈向辉煌的路上过得愉快。令人悲哀的是，大多数人都推迟拥有美好、有趣和神奇的生活，直到他们太老而无法完全享受它。

人生绝对是一段崇高的旅程。诚然，我们都经历过考验和心碎。但大多数情况下都是有益的。每一个英雄故事都需要有一个反派以及一些有趣的悲剧，并且伴随着凯旋，这才形成了一个值得观看的故事。

因此，让短暂的生命成为你关注的焦点，不要把幸福推迟到你有了更多的时间、得到了晋升或者银行账户里有了更多的钱的时候。这些都是借口，都是因为你觉得自己不配拥有。感知它们，然后把它们从你的轨道中剥离出来，这样你就可以继续提升直到抵达你最崇高的领域。

明天是承诺，而非事实。享受你在地球上的每一个早晨，感激你拥有的每一天。勇敢地冒险，并用常识来规避风险。在没有明天的生活和追求能够达到永生的行为之间找到平衡。这样，当末日真的来临时，你就会知道，你的一生是那份对每个人都拥有的传奇能力的庄严见证。

莱利先生亲吻了他的学生，说："我爱你们两个，我会想你们的。"

然后他消失在葡萄园里，只留下了他的山地车。

第 17 章　成为自己生命的主角

像英雄一样生活，这就是经典文学对我们的教导。要成为主角，否则生活还有什么意义？

——库切，非洲诺贝尔文学奖得主

南非开普敦的直升机停机坪位于维多利亚阿尔弗雷德滨海码头（V&A waterfront），游客可以在这里乘坐开普敦摩天轮，游艇选手可以在这里为激情洋溢、刺激肾上腺素分泌的航海比赛提供补给。在这里可以预订钓鱼包船，还可以喝到早晨提神必备的浓咖啡。

这位戴着和图书管理员一样眼镜的、活泼的褐发女子，确保莱利先生、企业家和艺术家都签署了免责协议。然后，她站在一张皮沙发上，在她的清单上做了笔记，并向她的三位 VIP 客户提供了安全简报，这是他们乘坐直升机前往罗本岛之前必须做的。

罗本岛——一个贫瘠的、不大的、被鲨鱼包围的、看起来不祥的土地，坐落在距离开普敦海岸不远的地方——这是关押纳尔逊·曼德拉的一个非常小的牢房所在地，在他被囚禁的 27 年里有 18 年都在这里。随着时间的推移，这位世界上伟大的英雄遭到了攻击、虐待和其他不公平对待。然而，他用橄榄枝来回应这种恶劣的行为，他看到了囚禁他的人的优点，并捍卫了他对一个人人平等的民主国家的希望。在谈到甘地时，爱因斯坦曾说："子孙后代可能很难相信，像甘地这样的血肉之躯曾在这个地球上行走过。"同样的看法也适用于曼德拉先生。

这位女士礼貌地表示：“你能来这个岛上进行短途旅行，我们感到非常高兴。”南非人是非常有礼貌和有思想的人。

莱利先生戴着一顶黑色棒球帽，帽子前面绣着一句话：“领导就是要有用。”

“年轻人，一旦你踏上停机坪，就得把它摘下来。”这位女士告诉他，眼中闪烁着金色的光芒。

莱利先生笑了。“我觉得她喜欢我，”他低声对同伴们说，“今天是我们在一起的最后一天。”他实事求是地补充道。

在安全指示下达后，莱利先生、企业家和艺术家被护送出了大楼，进入了一个布置好的等候区，那里有两张饱经风霜的野餐桌。尽管天气晴朗，但刮着阵阵疾风。莱利先生摘下了帽子。

“我感到有点紧张，”莱利先生想，“我从来没有去过罗本岛。我读过很多关于在不人道和邪恶的种族隔离制度下发生的事情，这种制度根据人们的肤色来对待他们，而不考虑他们的性格或者他们的心理品质。”

一个穿着修身雨衣、卡其裤和划船鞋并且表情严肃的年轻人从一个空的维修舱里走出来，他要求莱利先生和他的学生跟着他到停机坪。一架军绿色直升机停在该地区的中心，旋翼旋转得飞快。飞行员正在中控台边调整刻度盘、旋钮等。

这位年轻人一丝不苟地确保这三名客户都在飞机上正确的位置落座，以保证重量均匀分布，然后他将一个带有麦克风的耳机戴在莱利先生的头上。

“早上好。”随着旋翼加速，莱利先生热情地对直升机飞行员说。飞行员戴着头盔、飞行员墨镜和面罩，无法显示真容，而且他一语不发。

“不太友好。”莱利先生喃喃自语。对于即将展开的这次千载难逢的经历，他感到既紧张又兴奋。

直升机开始上升，起初缓慢上升，随后迅速加速上升。

“这次飞行大约需要 5 分钟，今天的风和海浪特别强劲。”飞行员只说了这么一句话。

莱利先生、艺术家和企业家都保持沉默。他们每个人都在盯着罗本岛，当他们靠近它时，这片土地似乎更广阔——甚至更残酷了。

飞机降落在一个被低矮的树木环绕的平台上，就在这时，七只跳羚优雅地跳过。是的，七只跳羚！与此同时，天空开始下雨了。另一道双彩虹，就像在毛里求斯海豚嬉游时出现的那样，横跨与大西洋相交的整个地平线。

“一切都很特别。”艺术家和妻子手挽着手说。

“我们绝对是进入了魔法世界。”莱利先生用一种敬重的语气回答，表达了他对有机会体验罗本岛的巨大感激，同时表达了对在那里被摧毁的宝贵生命感到的悲伤。

飞行员在驾驶舱里逗留了一会，而他的三名乘客则下了飞机，来到柏油跑道上，静静地欣赏着这一幕风景。突然，一辆侧面印有“KSA”字样的老式皮卡车朝他们疾驰而来，车子后面扬起滚滚的尘土。

“你们不应该出现在这里。”司机一赶到直升机附近就用浓重的南非口音喊道，显然他是一名保安。他没有下车。

“由于天气原因，罗本岛已经不对公众开放，”他强硬地喊道，“渡轮已经全部停运，任何直升机也都不被允许降落。你们不应该在这里！你们是什么人？”

保安确实在任何时候都能保持专业的态度。但他显然很惊讶，也有些震惊。

“这里一切都很好。”飞行员坚定且自信地说。他站在直升机外，开始慢慢地向卡车里的男子走去。飞行员并不年轻，这可以从他的走路姿势看出来。

“今天对他们来说是一个特殊的日子，”飞行员说，他的声音越来越大，“这些人千里迢迢来到曼德拉先生被关押的牢房。他们需要前往曼德拉先生的自传——《漫漫自由路》（*Long Walk to Freedom*）——手稿被秘密埋在泥土里的地方，曼德拉先生花了很长时间才完成了这份手稿。他们需要体验——至少一点点——曼德拉先生在这里经历的 18 年的痛苦。”

飞行员在皮卡车前停了下来。“我听说这些人也想成为真正的英雄。在他们的职业和私人生活中，他们希望成为自己生产力的领导者，充分表达他们的掌控力，甚至成为实现更美好人性的开路先锋。我们的世界从未像今天这样如此需要纯粹的英雄，而且，正如我在演讲时经常教导的那样：既然你有能力成为他们中的一员，为什么还要等待他们呢？斯通，你同意吗？”飞行员转过身来问莱利先生，嘴巴张得大大的。

然后，飞行员小心翼翼地且近乎于慢动作一样缓缓地取下了面罩。接着，他摘下了墨镜。最后，他摘下了头盔。

莱利先生、企业家和艺术家都被眼前的景象惊呆了。

这就是那位传奇的演说家。

不可征服的灵魂

即使在白天，罗本岛的监狱里也布满了无菌的日光灯，营造出了一种令人难以忘怀的阴森氛围，空间俭朴，透露出一种残忍且毫不留情的残酷。

在那个美妙的南非早晨，似乎有一双看不见的手在指引着凌晨 5 点俱乐部的成员们，因为某种奇妙的巧合——莱利先生称之为“魔力”——那个坐着尘土飞扬的皮卡车赶来的保安，是“魔力吸引者”的忠实追随者。他非常喜欢演说家的作品。

你可能不相信，但这确实是真的——在得到守卫的许可后，客房部主管启动了因恶劣天气而停用的旅游巴士，并把它开到了游客站着的地方。她还请岛上为数不多的导游之一，升起旗帜，开放监狱，供一次完全私人的参观。只为莱利先生、企业家、艺术家和演说家。

在每个人的生活中，尤其是最艰难的生活中，可能性的大门和通往奇迹的门都打开了，揭示了这样一个事实：我们每个人所经历的一切，即便是那些看似不合逻辑的遭遇，其实都透露着某种明智——甚至是超乎常理——计划的一部分，旨在让我们更接近我们最伟大的力量、最美好的环境和最高的善。事实上，我们在人生旅途中所经历的一切都是一场美妙的交响乐，旨在向我们介绍我们最真实的才能，把我们与自我联系起来，并加深我们与生活在我们每个人心中的英雄的亲密关系。是的，在我们每个人的内心深处。这确实包括你。

那个导游，碰巧也是一名前政治犯，他身材魁梧，声音粗哑。当他带领客人们走向曼德拉被迫在这里度过了漫长而艰苦的岁月的牢房时，他回答了他们提出的每一个问题。

“你认识曼德拉吗？”演说家若有所思地问道。

“是的，我在罗本岛和他一起服役了八年。”

“他是个什么样的人？”艺术家问道。当他们走过监狱的走廊时，他似乎被自己的情绪所淹没。在种族隔离时代，这座监狱曾是众多暴行的发生地。

“哦，”导游温和地说，脸上露出亲切而睿智的微笑，“那个人是个谦卑的仆人。”

“曼德拉是一个什么样的领导人？”企业家追问道。

“他是一个伟大、有尊严的人。他对待自己和他所经历的一切的方式很鼓舞人心。每次他遇到自己的其他领导时，通常就在这个院子里，”导游一边说，一边走进政治犯们散步、谈话、计划和站立的地方，“他会问：‘你在学习吗？’他还经常用‘每个人教一个人’这种方式指导他的同伴分享他们的日常学习经验，提高周围所有人的领导力。曼德拉先生明白，教育是通往自由的终极道路。”

“那个人受到了很恶劣的对待，在石灰石采石场累死累活，遭受了所有的屈辱。在来到这里的几年后，他被命令在监狱院子里挖一个坟墓，然后躺在里面。”导游补充道。

“他一定以为这就是结局了。”莱利先生轻声说。

“也许吧，”导游回答，“但相反，看守们开始往他的身上撒尿。”

演说家、莱利先生、企业家和艺术家都低下了头。

莱利先生若有所思地说：“我想，我们都有自己的罗本岛，可以把我们囚禁起来。”

“在我们的一生中，我们忍受着自己遭受的考验和不公正待遇。当然，没有什么比这里发生的事情更严重。我读到曼德拉说，他最大的遗憾是在他的大儿子死于车祸后，他没有获准出狱参加他的葬礼，”他仰望着天空说，“我想我们都有遗憾，没有人能逃脱自己的磨难和悲剧。”

导游指着院子入口处右边的第四扇窗户说：“那儿是曼德拉的牢房，我们进去吧。”

牢房非常小，没有床。有一张小木桌，囚犯会跪在上面写日记，因为没有椅子。地板是水泥的，毯子是棕色的，上面有绿色和红色的斑点。

“在曼德拉被监禁的第一年，他甚至不被允许穿长裤，尽管南非的冬天非常寒冷，他只拿到了一件薄衬衫和一条薄短裤。当他洗澡的时候，看守们站在一旁看着这个老人赤身裸体地站在那里，试图羞辱他，并使他崩溃。到了吃饭的时候，他得到了不适合人吃的食物。当他的妻子和孩子寄来信件时，通常不会送到他那里。如果送到，也会受到严格审查。所有这些都是为了打击曼德拉先生的精神。”导游解释道。

“在我看来，他在这个被汹涌的海洋包围的荒岛上，在这个鞋盒似的牢房里所忍受的一切，都使他成长，使他坚强，使他心灵开放。监狱成了他的熔炉，虐待成了他的救赎，引导他拥抱自身的自然潜能，激发他的人性光辉，并达到最完整的英雄主义状态。在这样一个自私、冷漠、与做人的意义脱节的世界里，他利用自己所拥有的一切成长为这个星球上的高级灵魂——一个向我们展示什么是领导力、坚韧和爱的人。通过这样做，他成为我们宽恕的象征之一，也是和平的最好象征。”演说家说。

“是的，的确如此，”导游回答说，“曼德拉先生最终被从罗本岛释放，后来被转移到现在所谓的 Drakenstein 惩教中心，位于帕尔和 Franschhoek 之间。他就任南非总统是不可避免的，所以他已经为此做好了准备，领导一个自由但严重分裂的国家。在他被监禁的最后一段时间里，他被安排住在典狱长的家里。在他被释放的那天，他走出了这个住所，来到了一条长长的铺有石板的路上，路的尽头有一个岗哨和一扇白色的门。这位历史缔造者——他留下的遗产将激励许多代人——步履蹒跚地走向他期待已久的解放。”

导游深深地吸了一口气，然后继续说道：“曼德拉先生接管的是一个处于内战边缘的国家。然而，不知怎的，他成功地成了一个统一者而不是一个破坏者。”

莱利先生清了清嗓子。他一直盯着那间小牢房的水泥地板。

“曼德拉先生是一位真正的英雄，”导游证实道，“他获释后邀请要求判处他死刑的检察官共进晚餐。你能相信吗？他邀请了在罗本岛看守他的一名狱卒参加他就任南非总统的典礼。”

“真的吗？”企业家平静地问。

“是的，这是事实，”导游回答说，“他是一个真正的领袖，一个真正宽容的人。”

演说家举起一根手指，示意他想分享另一个观点：“曼德拉写道‘当我走出囚室迈向通往自由的监狱大门时，我已清楚，如果我不能把痛苦和仇恨抛在身后，那么我仍在狱中。’”

“他还说‘获得自由不只是摆脱自身的枷锁，还要以一种尊重和增进他人自由的方式生活。’”导游补充道，“而且，没有人生来就会因为一个人的肤色、背景或宗教信仰而憎恨他人。憎恨需要后天习得，如果人们能够学会憎恨，那么也一定能够学会爱，因为爱在人类的心中比憎恨来得更自然。”

“我听说他经常在凌晨5点左右起床，在原地跑步45分钟，然后做200个仰卧起坐，接着做100个指尖俯卧撑。这就是我总是做俯卧撑的原因。”莱利先生有点尴尬地补充道。

“嗯，”导游接着说，“曼德拉先生走进这间牢房时，是作为一个头脑发热、愤怒、充满敌意和好斗的年轻人。他正是在这个监狱里成长起来，成为我们现在所尊敬的偶像。

“世界上所有优秀的人都有一个共同点，”演说家说，“忍受极度的痛苦。他们之所以变得伟大，是因为他们选择利用自己的环境来治愈、净化和提升自己。”

然后，演说家从他的夹克里拿出一个学习模型，这是两个学生将看到的最后一个模型。它的名字叫“人类英雄圈”（见图17-1）。

图17-1　人类英雄圈

“这些是我们每个人都必须追求的美德，成为改变世界的英雄，造福于一个更美好的社会。”演说家说，他的声音在今天早上充满了忧郁和巨大的力量。

“领导力属于每个人。我们每个人，无论生活在哪里，做什么，过去发生过什么，现在正在经历什么，都必须摆脱责备的枷锁、仇恨的锁链、冷漠的脚镣和牢笼，这些束缚使我们成为最底层黑暗力量的奴隶。我们每个人每天早上都必须起床——是的，凌晨5点起床——尽我们所能去展现我们的天赋，发展我们的才能，深化我们的性格，提升我们的精神。全世界的每个人都必须这样做。”

演说家一边说，一边哭了起来。“我们都必须从囚禁我们的荣耀和奴役我们的高贵的束缚中挣脱出来。请记住，被忽视的天赋和才能会变成诅咒和悲伤。”

演说家停顿了一下。

“现在是你们的时代了。”他直视着企业家和艺术家的眼睛说。

“人类英雄圈”这张图被放在房间里的一张小桌子上，这张桌子被放在有铁栏杆的窗户下面。演说家把它拖到房间的中央，在那个特别的日子里，它成了监狱里的焦点。

然后，演说家让莱利先生、企业家、艺术家和导游围在这张图周围，握着彼此的手。

“是的，无论我们面临什么样的困难，无论我们将忍受什么样的逆境，无论遭受怎样的攻击、羞辱和暴力，我们必须持续下去，我们必须继续下去，我们必须保持坚强，我们必须活出光明的本性，并放大我们的自我，即使感觉全世界都在反对我们。这才是我们生而为人的真正原因。即使光明似乎永远驱散不了黑暗，我们也要继续走向自由，为世人树立榜样。对我们大多数人来说，这是优雅的典范。向世人展示真正的爱。

“现在是属于你们的时刻了。”演说家说着，举起一只手放在艺术家的胳膊上，又把另一只手轻轻地放在企业家的肩膀上。

他的脸上露出一丝平静的微笑。他看上去泰然自若，宁静平和。

“什么时刻？”艺术家问道。

“开始你们的朝圣之旅。”他简单地回答。

“去哪里？”企业家问，看起来有点困惑。

“去一个叫‘遗产’的地方，”演说家说，“很多人是这个地方的游客。在宝贵的早晨，他们会花几分钟的时间思考自己所做的工作，以及一旦去世他们会留下什么。在短暂的时间里，在他们分心之前，他们会反思自己的生产力质量、体面得体的程度和影响的深度。在忙碌的喧嚣再次吞噬他们之前，他们会暂停下来思考他们的生活是多么美好，他们是多么乐于助人。他们只是这个领域的过客。”

听着导师的话，莱利先生高举起双臂。“我热爱我的生活，我会成为一个更好的领导者，我会做出更大的贡献，我会升级成为一个更加鼓舞人心的人。”他低声说道，大部分是自言自语。

“人类杰出的英雄，”演说家继续说，“都是这片‘遗产’领域的公民。这里是他们的家园，也是他们最终成为传奇人物的原因。他们建立的伟大使命是为了一个比他们自己更伟大的事业而存在，所以，在他们去世后，他们留给我们的世界比他们发现的更加光明。”

“我们每个人都有一个到期日，”莱利先生补充道，“没有人知道自己还能活多久。”

“没错。”企业家表示赞同。

“今天，”演说家宣称，“这个非常时刻，值得你们做出承诺，成为极具创造力、富有成效、体面得体的人，为许多人服务。请不要再推迟你们的精通能力，不要再抗拒你们的原始力量，不要让恐惧、拒绝、怀疑和失望的阴影力量遮蔽你们最闪亮的自我。这是属于你们的时刻。现在是属于你们的日子：用你独创的方式，跃进有史以来最杰出的领袖行列，并进入真正的大师、杰出的艺术家和真正的英雄的世界，他们对文明的所有进步负有责任。”

五个人仍然围成一圈。莱利先生开始唱起了约德尔山歌，不过只唱了一会儿，就在演说家强烈的凝视下压低了声音。他们相视一笑，彼此尊重。

“领导就是用自己的生活方式激励他人；领导就是穿过你们最艰难时刻的火焰，走向宽恕；领导就是把任何形式的平庸从你们生活的各个方面清除出去，以耀眼的方式庆祝你们与生俱来的威严；领导就是化恐惧为胜利，把你们的每一次心碎转化为英雄主义。最重要的是，在我们这个小小的星球上，领导就是一股向善的力量。今天，你们要接受这个伟大的召唤，提高你们余生的生活标准。”

“或者至少从明天开始。”莱利先生调皮地笑着建议道。

“从凌晨5点开始，”他们异口同声道，“掌控你的早晨就能提升你的生活！”

后记
POSTSCRIPT

五年以后

莱利先生在罗本岛待了几个月后去世了。在罗马市中心的一间小公寓里，他在睡梦中安详地去世了。他可爱的女儿以及演说家陪在他身边。在莱利先生去世的那天，比以往任何时候都多的鸽子和蝴蝶飞越永恒之城，甚至还有一道双彩虹，从西班牙大台阶一直延伸到罗马角斗场。如果你亲眼看到这些，一定会印象深刻。

莱利先生患有一种罕见的不治之症，除了演说家，他没有告诉过任何人。因为演说家是他最好的朋友。

你会很高兴地知道，在他最后的日子里，这位古怪的亿万富翁彻底清算了他庞大商业帝国的各种经营项目，把所有的钱都捐给了慈善机构。

莱利先生决定把他在毛里求斯的海滨大院留给企业家和艺术家，因为他知道他们是多么喜欢待在那里。

请允许我分享一下企业家和艺术家自从与莱利先生一起进行了最离奇的冒险之后发生了什么，想必你对此感兴趣。

这位企业家已经成为一位非常富有的女性，她把自己创立的公司发展成为一家标志性企业。她已经摆脱了长期困扰她的过去的“恶魔”，完全热爱与她的艺术家丈夫共同经营的生活。她仍然努力工作，但也很享受她的休息时间。她刚刚完成了她的第四次马拉松比赛，她也非常喜欢园艺，以及每周二晚上在一家为无家可归者提供服务的收容所做志愿者。她不再关心名誉、财富和世俗权力，尽管她现在拥有了这一切。

这位艺术家已经成为他所在领域的最著名的画家之一。他完全克服了拖延症，被广泛地认为是一位艺术大师，也是一个非凡的丈夫。他和妻子一起跑了两次马拉松，现在他已经成为一名素食主义者。他每周三晚上去上约德尔课程。

还有这个：这对夫妇有一个非常英俊、非常聪明的小男孩，他们给他取名“斯通”。

企业家和艺术家仍然是凌晨 5 点俱乐部的会员，他们每天早上在黎明前就开始运行“20/20/20 公式”。他们仍然在实践莱利先生教授的大部分方法和技巧。他们履行了对导师的承诺，告诉尽可能多的人早起的价值。

至于演说家，他还活着。在很多方面，他比以往任何时候都更强大。他常驻东京，但他一生中的大部分时间仍然是在世界各地的体育场馆的舞台、飞机和酒店房间里度过的。

他仍然喜欢钓鱼。

领导力大师 罗宾·夏玛
系列作品

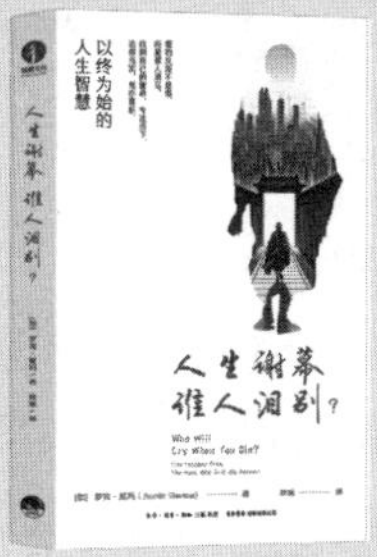

找到自己的使命，专注当下

活得充实，死亦喜乐，
以非凡的人生智慧马上付诸行动。

重新审视自我为人生中的重要问题找到答案

让人生中充满更多的勇气、平衡、热情和欢乐，全球畅销 500 万册 25 周年纪念版荣誉归来。

激活你的积极性，拥有更富足的人生

全球畅销突破 2500 万册的畅销书作家罗宾 · 夏玛的人生指南，祝你在变革时代实现精神自由、激发潜能。

领导力大师 罗宾·夏玛
系列作品

《纽约时报》畅销书

真正的财富绝非银行里的存款，探寻鲜为人知的八大财富，拥抱充实和富足的人生！

自律的程度，终将决定人生的高度

超 20 年的自律践行经典，通过颠覆性晨间重塑计划帮助你掌控早晨，提升效率，焕发健康活力。
美国亚马逊超 35000 条好评。

扫码购买